TRAITÉ

SUR LA

RÉPRESSION DE LA LICENCE

DANS

LES ÉCRITS, LES EMBLÊMES ET LES PAROLES.

DE L'IMPRIMERIE DE C.-F. PATRIS,
rue de la Colombe, n° 4, quai de la Cité.

TRAITÉ

SUR LA

RÉPRESSION DE LA LICENCE

DANS

LES ÉCRITS, LES EMBLÊMES

ET LES PAROLES.

Extrait de l'anglais.

PAR L. HUBERT.

La répression légale de la licence
constitue la liberté civile.

A PARIS,

CHEZ {
L'AUTEUR, Faubourg Saint-Martin, N° 130.
RONDONNEAU, Libraire, Place du Palais de Justice.
DELAUNAY, Libraire, galerie de bois, au Palais-Royal.
Alphonse GARNERY, Libraire, rue Saint-Jacques, N° 160.

1817.

Tout exemplaire qui n'est pas signé de ma main est une contrefaçon.

L. Hubert

A SON EXCELLENCE

Mgr LE MARÉCHAL SUCHET,

DUC D'ALBUFÉRA.

MONSIEUR LE MARÉCHAL,

Dédier un Traité de Législation à un Guerrier doit paraître contraire aux convenances; aussi, n'est-ce pas au Militaire que je le présente; c'est au sage Administrateur, à l'homme capable d'apprécier les lois d'un peuple libre.

Pendant les époques de notre révolution, où le plus noble zèle devenait le jouet des circonstances, l'obéissance n'était pas toujours la preuve du sentiment. C'est dans l'indépendance que se montre le caractère. Lorsque vos actions ont été les vôtres, Monsieur le Maréchal, vous avez été juste, généreux, magnanime.

Parmi tant de noms détestés, l'Espagne en cite un

avec éloge ; c'est celui de SUCHET. Voilà votre nom de gloire, Monsieur le Maréchal ; tous les titres qui l'accompagnent sont l'ornement du mérite ; mais c'est sous celui de SUCHET que vous serez illustre aux yeux de la postérité.

Mon regard vous a suivi dans la carrière de l'honneur ; c'est en Angleterre et par les Anglais, que pendant dix ans j'ai appris à vous estimer : je vous en adresse aujourd'hui publiquement le témoignage.

L'hommage que je rends à vos vertus, Monsieur le Maréchal, a de quoi flatter la délicatesse ; il est d'un homme qui ne vous a jamais vu, que vous ne connaissez pas, et qui désire seulement acquitter sa part du tribut que vous doivent les Français à qui l'honneur de la Patrie est cher.

Je suis avec respect,

Monsieur le Maréchal,

De votre Excellence,

Le très-humble et très-sincère admirateur

L. HUBERT.

PRÉFACE.

L'ARTICLE VIII de la Charte constitutionnelle consacre la liberté préalable dans la communication de la pensée ; les Français fondent sur cet acte solennel l'espoir de jouir bientôt des avantages qu'offre la presse, lorsqu'elle est dégagée d'entraves : mais en donnant au principe toute son action , il est nécessaire qu'une législation précise et une jurisprudence raisonnée s'opposent à ce que la liberté ne devienne odieuse par ses excès. Nous n'avons que des idées confuses sur le droit et ses abus , sur la nature du libelle , sur les restrictions légales , sur les circonstances aggravantes ou atténuantes , sur les différentes manières d'appliquer les lois répressives ; et à défaut de règles exactes , l'esprit crée des systèmes et leur donne un caractère de doctrine correspondant aux passions qui l'égarent. Jusqu'à ce que le législateur ait tracé les limites d'une sage liberté, et fixé la borne au-delà de laquelle se trouve le Tort, il serait certainement préférable de prévenir le mal par la censure, plutôt que de le réprimer par des décisions juridiques que pourraient dicter l'esprit de parti, les affections personnelles, l'influence du pouvoir, et cette multitude d'impressions corruptrices qui maîtrisent l'homme quelquefois jusque sur le siége où il devient l'organe de la justice : mais puisque le règne des lois doit être substitué au régime arbitraire, il convient de chercher un mode de répression en rapport avec l'esprit de la charte.

La liberté de la presse étant établie chez les Anglais depuis des siècles, c'est dans leurs actes que j'ai puisé, sinon des oracles, du moins les leçons de l'expérience. Les décisions des lords (1) Kennyon , Mansfield et Ellenborough , peuvent sans doute être erronnées ; peut être aussi la différence des habitudes politiques, du caractère national , de la situation géographique, s'oppose-t-elle à ce que les lois anglaises soient adoptées par nous : néanmoins il ne peut qu'être utile de connaître les opinions et les actions de ceux qui nous ont précédés dans une carrière que nous devons parcourir , afin de régler notre conduite par les exemples qu'ils offrent.

Ce motif m'a porté à extraire de l'ouvrage de M. Starkie, savant jurisconsulte anglais , un corps de doctrine dont tous les points , éclaircis par des dissertations et par des décisions juridiques , souvent contradictoires, se rapportent à ce principe d'ordre social, *« NE NUIRE A PERSONNE.»*

---

(1) (*Lord Chief justice.*) — Le titre de lord est attribué aux fonctions de chef-magistrat, premier juge , ou président d'une cour de justice.

Un traité sur la répression de la licence, s'il était le fruit de l'imagination, ne serait qu'un système où l'opinion de l'auteur, fondée sur des abstractions, ne pourrait offrir l'autorité de ces considérations pratiques méditées pendant plusieurs siècles par des hommes reconnus comme les lumières d'un pays où la science du droit est dignement cultivée. Sur ce sujet il fallait renoncer au mérite apparent de ses propres conceptions, et se borner à classer méthodiquement des *données* qui pussent servir à la construction d'un code de lois en harmonie avec l'état de maturité civile d'un peuple dont les droits sont nouvellement constitués. Mon intention n'a pas été au-delà : je n'ai pas eu la présomption de m'ériger en législateur sur une matière où toute l'intelligence humaine ne peut découvrir qu'un mieux comparatif qui sera toujours très-éloigné de la perfection. Si j'ai fait autre chose que recueillir des faits et expliquer des propositions propres à éclairer les divers points du sujet, je me suis trompé.

Il m'a semblé,

1° qu'à l'époque actuelle, il était plus essentiel de répandre la doctrine que d'étendre la science, et qu'ainsi il fallait élaguer le fastidieux des détails judiciaires, pour ne présenter à l'entendement du lecteur que des éléments simples, dont il pût aisément faire usage dans sa conduite personnelle, ou en portant un jugement sur celle de ses semblables.

2° Qu'un premier ouvrage sur des mesures de répression, qu'il était inutile d'étudier et même de connaître, sous le règne de la censure, devait n'être que le plan, la préparation, l'idée d'une sorte de statistique législative et judiciaire, dont l'objet serait d'indiquer aux âges futurs les progrès de la raison, dans la confection et l'application des règlements relatifs à la communication de la pensée.

3° Qu'il convenait de renfermer dans le cadre d'un volume la doctrine observée par les Anglais, afin de pouvoir apprécier, par un examen sommaire, les bases sur lesquelles elle repose ; et afin de voir d'un coup-d'œil l'effet du contact des parties, en les considérant dans l'ensemble. J'ai pensé que cette connaissance préliminaire était indispensable au moment de procéder à l'adoption d'une doctrine, et qu'ensuite le temps, la méditation et la discussion, feraient distinguer les défauts de détail que la sagesse prescrit de corriger.

4° Qu'aujourd'hui le legislateur préférerait à de longues dissertations spéculatives, le résumé succinct d'un concours de règles légales, perfectionnées par vingt générations ; et qu'il suffisait maintenant d'offrir à son dis-

cernement un choix de matériaux déjà façonnés par l'usage, afin qu'en écartant immédiatement, au nom de l'expérience, les
objections qui retardent l'exercice d'une sage
liberté, il pût en même temps s'autoriser
d'exemples puisés chez un peuple libre, pour
imposer à la licence le frein salutaire que re-
poussent ses dangereuses prétentions.

Ces raisons m'ont fait resserrer le sujet
dans un cercle tellement étroit, que j'aurai
probablement mérité les reproches d'une critique judicieuse, en omettant des explica-
tions nécessaires ; aussi mon dessein est-il de
réparer les fautes qui auront été remar-
quées. Je me propose de considérer les pro-
chaines mesures législatives dans leur analo-
gie avec les lois anglaises ; et ce rapproche-
ment, ainsi que l'examen des décisions juridiques prononcées récemment dans les pays
où la libre communication de la pensée est
un droit légal, me donneront, je pense,

l'occasion d'éclaircir les points sur lesquels l'esprit n'aurait pas été entièrement satisfait.

Je me propose aussi éventuellement, de publier, à l'époque des sessions législatives, *L'Annuaire historique de la répression de la licence dans les écrits, les emblêmes et les paroles , chez les peuples où la liberté est légalement cisconscrite.* Ce tableau servirait à éclairer le législateur sur les modifications devenues nécessaires dans les lois répressives; et l'effet de la simple comparaison, entre des décisions sur des cas semblables, serait peut-être de contribuer à rendre équitable le pouvoir discrétionnaire confié au magistrat.

INTRODUCTION.

———

Les hommes se sont rassemblés pour s'aider réciproquement à éviter le mal, et à se procurer le bien : cette réunion s'appelle *Société*.

La convention qui lie les membres de chaque société, ou nation, se nomme *Pacte social :* cette convention oblige à la *justice,* c'est-à-dire à ne faire tort à personne.

Faire *tort,* c'est nuire à quelqu'un dans sa personne, dans ses biens, ou dans sa réputation : c'est lui faire, d'une manière quelconque, ce que dans le calme des passions, nous ne trouverions pas juste qu'il nous fît.

La justice, en défendant de rien faire qui puisse nuire à autrui, autorise à faire tout ce qui ne peut nuire à personne : c'est dans cette faculté que consiste la *Liberté.*

La justice oblige encore à l'obéissance aux lois, dans l'exercice de la *liberté civile.*

Les *Lois* sont les règles déterminées par la justice, et consacrées par l'autorité qui représente la société.

(xvj)

L'*Autorité* est le pouvoir légal de contenir et de diriger les hommes ; c'est-à-dire le pouvoir de prévenir le mal par la crainte des peines, et de favoriser les actions utiles.

La société garantit la jouissance de tous droits qui ne sont pas en opposition au bien public.

L'exercice des facultés que l'homme tient de la nature est un *Droit,* lorsqu'il n'est pas défendu par les lois. Ce que la loi prescrit est un *Devoir.* Dans tout ce qui n'est ni défendu ni prescrit par les lois, l'homme n'a d'autre arbitre que sa raison, éclairée par la morale.

Tracer les limites au-delà desquelles l'homme n'a pas le droit d'exercer ses facultés, est l'ouvrage du législateur : au nom de la justice et de l'intérêt commun il défend tout ce qui peut nuire, et prononce des *peines* et la *réparation* pour le *tort* commis envers la société dans la personne, les biens ou la réputation des individus qui la composent.

Le TORT s'effectue par la violence, par la fraude et par la diffamation.

La nature de ces différents préjudices est assez connue pour qu'il soit facile de concevoir que le

système de prohibition et de réparation a dû , à
toutes les époques, être moins perfectionné dans
le dernier cas que dans les deux autres.

En considérant la marche progressive d'une
nation, de l'état sauvage à l'état de civilisation ,
on distingue aisément que la protection des personnes et des propriétés contre les attaques de la
force et les manœuvres de la spoliation , devait
être l'objet le plus important de la législation.

L'injure diffamatoire était d'une nature trop
abstraite , et ses effets trop indéterminés , pour
provoquer les premiers soins : la nécessité de
prescrire des restrictions dans la faculté d'ex—
primer ses pensées , n'a pu être appréciée d'une
manière sensible , jusqu'à ce que les formes qui
unissent les individus aient été plus compliquées.

Cette nécessité a trouvé son origine dans les
distinctions créées par une civilisation avancée :
avant leur introduction , et notamment quand
l'art d'écrire était ou inconnu, ou peu exercé ,
la diffamation ne pouvait guères s'étendre au-
delà de simples injures verbales ; et alors , à défaut de tribunal compétent , la partie offensée

cédait à un moment d'irritation, et vengeait elle-même son honneur.

La *Réputation*, à raison de l'outrage qui lui est préjudiciable, doit son importance, comme son existence, à la multiplicité de ces rapports artificiels accrus avec l'âge des sociétés.

Aujourd'hui les nombreuses gradations de rang et d'autorité ; les honneurs et les distinctions accordés au mérite et au talent ; les biens acquis par l'adresse et l'intelligence, sous les dénominations de travail, industrie et confiance ; tous ces avantages recherchés par l'homme, vus isolément ou dans leurs liaisons relatives, ont, en outre de la considération idéale, un prix intrinsèque dont l'évaluation s'établit par des équivalents pécuniaires : Or, c'est seulement sous ce dernier point de vue qu'ils se présentent comme un objet de protection légale. Aucune base, aucunes règles ne s'offrent pour déterminer le dédommagement d'un tort purement intellectuel.

On conçoit aisément que des lois agissant sur des données tant incertaines, ne peuvent être exemptes d'imperfections : des sujets si déliés n'admettent pas ces plans réguliers, ces distinctions précises qui s'établissent sur des cas où l'usage de la force devient un délit. Par exemple, la loi prononce pleinement que le moindre dégré de violence est un tort ; mais comment interdire aussi absolument des discours flétrissants ? A chaque instant on est forcé de soumettre à une enquête la conduite et les affaires d'un individu, au risque de nuire à sa réputation ; et souvent la justice, l'ordre, la sécurité publique, exigent qu'une latitude considérable soit accordée lorsqu'un tel examen devient nécessaire.

D'ailleurs, la critique, la satire, l'expression du mépris, sont utiles sous quelques rapports : le blâme attaché aux actions déshonnêtes, est souvent le plus efficace, et peut-être le seul moyen que posséde la société pour contenir le débordement des vices.

La loi peut signaler certaines offenses, et les réprimer par la crainte des châtiments ; mais elle ne peut déterminer, et bien moins contraindre à observer certains devoirs, de l'accomplissement desquels le bonheur civil dépend essentiellement. Il est même possible que celui qui obéit strictement aux lois , soit tellement dé-pourvu de sentiments d'honneur que son existence devienne un opprobre dans la société où la tolérance politique souffre ses turpitudes.

La morale, il est vrai, montre dans les charmes de la vertu des motifs pour se conduire avec honneur ; mais quelque puissants qu'ils soient, l'expérience prouve que leur action sur la majorité des hommes, a moins d'empire que la voix de l'opinion ; et il est impossible de ne pas reconnaître que la crainte d'exposer sa réputation à la censure publique contribue essentiellement au maintien des moeurs.

Les effets de la communication des idées s'étendent au-delà : par la révélation confidentielle, les machinations dangereuses sont éventées et prévenues, l'allarme est donnée à la confiance aveugle, et les projets coupables avortent. Souvent aussi les murmures publics suppléent au cri de la conscience, étouffé dans le sein du criminel ; l'opinion est le moniteur vigilant qui lui montre sans cesse, et sous toutes les formes , la honte du crime , les déplorables résultats de l'égarement , et la nécessité du retour à la vertu. Or , quelles lois remplaceraient avec convenance cette délation salutaire , ce frein invisible ? Quels règlements s'accorderaient avec l'ordre et la raison pour étendre leur action sur les facultés morales ?

Puis , toute prohibition tendant à comprimer l'opinion , ne peut qu'être négative : l'attrait qui porte à transmettre la pensée est trop puissant pour être détourné par la crainte des lois pénales. Ainsi , les mesures d'une rigueur absurde répandraient sans fruit la contrainte et l'embarras dans les diverses relations de la société.

Considérant le sujet sous le rapport d'intérêt public, on trouve que si éventuellement, la religion , le gouvernement et les sciences peuvent souffrir par la propagation de faux principes et de dangereuses maximes, il est peu douteux que l'intérêt général n'obtienne des avantages bien plus qu'équivalents , par la recherche de la vérité, le concours des opinions , un zèle raisonné, un esprit public, et les progrès de l'intelligence. L'objet avoué de toute institution politique est l'accroissement du bien public, comme le but de tout système philosophique est l'extension des connaissances humaines : Quiconque, dès-lors, indique franchement une faute ou une erreur sur l'un ou l'autre point, rend un service à la société, puisqu'il suggère des améliorations. Interdire toute discussion sur de tels sujets, serait rejetter imprudemment les avantages à espérer des conceptions futures, et décider follement que l'ordre actuel est tellement parfait, qu'aucune modification ne peut s'effectuer sans être nuisible.

Cependant le bon ordre exige que certaines limites soient prescrites aux communications de la pensée, afin qu'elles ne puissent blesser impunément les intérêts individuels et ceux de la communauté.

Les moyens inventés pour transmettre et perpétuer des idées qui se dissiperaient avec l'occasion qui les aurait fait naître, sont dans les mains du méchant de puissants instruments pour commettre le mal. Il est possible que l'organisation sociale soit ébranlée par l'infiltration de principes vicieux , d'atroces calomnies , et de pernicieuses obscénités ; le calme intérieur peut être troublé par des actes de vengeance que des affronts auront provoqués ; le bonheur et la prospérité des individus peuvent être altérés ou détruits par des imputations déshonorantes qui enlèvent à l'homme l'appui, la consolation , les jouissances auxquels il a le droit de prétendre dans la société ; ces imputations peuvent encore nuire à son crédit , suspendre l'exercice de ses facultés industrielles, et l'exclure des honneurs , des titres , des justes récompenses, que sa condition lui permet d'espérer.

Puisque la raison démontre que telles seraient les conséquences probables d'une malveillance ainsi dirigée, les moyens employés par cette malveillance deviennent dès-lors un objet de restreinte et de coercition légales.

Là commence la difficulté : elle consiste à établir des règles précises et intelligibles , d'après lesquelles le droit de communication soit défini et limité ; et en traçant ce cercle il faut éviter que

les habitudes de tous les instants ne soient entra-
vées par des restrictions pénibles et superflues ;
il faut que chaque membre de la communauté
puisse énoncer une opinion franche et libre sur
tout sujet qui l'intéresse , sans redouter des
poursuites juridiques ; et pourtant il faut aussi
que l'impunité ne soit pas garantie à ces publications malicieusement conçues dans l'intention
d'opérer le mal public ou particulier.

De ces difficultés , notamment pour ce qui
concerne les matières politiques , est provenu
l'expédient d'assujétir la presse au contrôle d'un
censeur : cette mesure , en la considérant sous
le point de vue le plus favorable , est encore
opposée à l'intérêt public. La communauté trouverait sans doute des avantages infinis , si elle
pouvait découvrir un organe de communication
qui transmît fidèlement au public les écrits utiles
et agréables , et qui rejettât toutes les idées pernicieuses et grossières : l'embarras est de trouver cet organe. Où est l'homme qui possède le
mérite nécessaire pour remplir une telle tâche ?
Aura-t-il en outre cette austère intégrité , cette

froide impartialité, qui rend inaccessible à une influence quelconque et aux préjugés? Qui sera l'appréciateur désintéressé, le juge compétent de qualités si éminentes?

Enfin, la société est placée entre ces deux alternatives embarrassantes ; ne voir la vérité que par l'intermédiaire d'un pouvoir nécessaiement ombrageux, ou se soumettre à tous les troubles que peut causer la communication écrite, dégagée d'examen préalable !

Que la presse soit la plus forte protection contre les abus du pouvoir, c'est une vérité considérée comme axiome. Sous un gouvernement où la libre transmission de la pensée est interdite, l'individu souffre en silence les ravages de l'arbitraire, et ses sensations se concentrent dans la part d'oppression qu'il supporte. Dans cet état d'isolement, quand tout est muet, quand l'espoir n'est fondé sur aucun appui, quand une masse de dangers pèse sur chacun ; il est au-dessus du courage humain d'élever la voix pour invoquer la justice au nom de l'intérêt commun ; et puisqu'alors les accents de la sagesse et les gé-

missements de la douleur sont également considérés comme des cris de sédition ; on n'aperçoit plus d'autre terme aux extravagances de la
tyrannie, que dans les excès d'une indignation
long-temps comprimée.

Par le moyen de la presse, tous les mouve-
ments du pouvoir sont annoncés à la communauté ; les effets des différentes mesures que
prend l'autorité sont recherchés, aperçus, appréciés, par la prévoyance et le talent de l'observateur ; chaque individu suit les progrès de l'usurpation ou de l'erreur, et il est animé dans sa
résistance à l'oppression par l'assurance que
donne la publicité et l'appui de l'opinion.
Cette sécurité ainsi obtenue semble, indépendamment des autres bienfaits de la liberté, un
avantage suffisant pour balancer tous les maux
qui peuvent résulter d'une licence contenue par
le régime des lois, fussent-ils plus évidents, plus
réels, que l'expérience ne l'a montré depuis
que la presse est, en Angleterre, à l'abri de la
censure.

Mais la presse, dégagée de toute entrave,

c'est-à-dire exempte du joug de la censure, peut bien encore n'être pas libre : les punitions infligées pour les publications effectuées, peuvent être tellement sévères, qu'elles soient un obstacle assez effrayant pour empêcher l'émission même d'un écrit dicté par la modération. Portons tout à l'extrême, et supposons un gouvernement qui, n'opposant aucunes restrictions préalables, a la faculté de répandre ses pensées, condamne à des peines de tout genre, et même à la mort, pour des idées contraires à ses vues ; on ne pourrait certainement affirmer qu'alors la presse serait libre. Il est donc évident qu'il faut quelque chose de plus que l'abolition de la censure pour constituer la liberté de la presse.

Ce supplément nécessaire consiste dans l'établissement de statuts en concordance avec les besoins de la société. A défaut de telles règles, l'incertitude et la perplexité doivent prévaloir, et alors il pourrait être réellement mis en question si la censure préalable, qui du moins évite les persécutions en arrêtant les écrits jugés nuisibles, ne serait pas préférable à une liberté illusoire dont l'exercice attirerait sur l'écrit généreux des dangers incalculables.

(xxviij)

Rédiger ces statuts, est l'ouvrage de la législature ; la sagesse du gouvernement déterminera l'époque où la liberté cessera d'être suspendue : l'objet du présent traité est seulement de considérer quelles limites ont été prescrites par les lois anglaises à la communication des idées de toute espèce, et les raisons sur lesquelles ces règlements sont fondés.

SOMMAIRE.

NE NUIRE A PERSONNE, est un principe sur lequel
se fonde la liberté civile.

La conséquence immédiate, est que celui qui éprouve un
DOMMAGE par le *TORT* d'un autre, a droit à *RÉPA-*
RATION.

Le DOMMAGE causé par la communication de la pensée,
n'est considéré légalement que sous le rapport de
propriété temporelle, et s'évalue pécuniairement.

Deux modes sont adoptés pour estimer le dommage: la PROBABI-
LITÉ et la PREUVE.

Six classes comprennent tous les cas où le dommage se PRÉSUME :

1º Imputation de crime: — *L'injure doit impliquer un délit*
répréhensible devant la loi.

2º Imputation de maladie contagieuse.

3º Impu ation nuisible à la profession : — *Le dommage*
se présume de l'injure faite à l'intégrité professionnelle :
— Pour les professions auxquelles est attachée la con-
fiance implicite en la capacité des personnes, les expres-
sions qui peuvent altérer cette confiance donnent cause à
supposer un dommage.

3º Imputation préjudiciable au droit de possession ou d'hérédité : — *Le dommage se présume d'allégations contre la*
validité des titres de propriété, et contre la légitimité de
naissance.

5º Imputation injurieuse propagée par les signes: — *Le signe*
ou l'écrit diffamatoire est libelle. — La propagation
donne à l'offense un caractère criminel. — La présomp-
tion du dommage se trouve moins dans l'expression que
dans la publicité.

6º SCANDALUM MAGNATUM : — *Les Grands de l'État ont*
la prérogative d'obtenir réparation pour l'injure morale
faite à leur dignité.

Excepté dans ces cas, le dommage s'établit par la PREUVE. —
L'effet immédiat, naturel et absolu de l'acte diffamatoire,
est seul admis en preuve.

L'offense qui est la cause du dommage, se recherche également dans le sens naturel et virtuel des expressions, dans les allusions, dans les inductions et dans toutes les circonstances explicatives.

Le TORT est l'acte nuisible. Ses caractères sont dans les MOYENS et dans l'INTENTION. — *La communication est l'acte extérieur, et comprend les moyens. — L'intention s'apprécie quelquefois par des raisons de convenance, légales, sociales, personnelles ou professionnelles.*

En de certaines circonstances, l'intention est absolument négative par la justification d'une cause reconnue légitime.

1º Pour la vérité : — *La vérité d'une imputation verbale annulle le droit à la réparation. — Dans le cas de libelle, la vérité n'est admise qu'en mitigation de peines, si elle n'est accusation directe.*

2º Pour les allégations faites suivant le cours des formes parlementaires et judiciaires : — *La latitude nécessaire à l'exercice des devoirs publics, légalise l'intention du Mandataire, de l'Administrateur, du Magistrat, du Juré et du Témoin. — Le droit d'invoquer la justice, légitime l'intention du Réclamant et de son Conseil.*

3º Pour la publication des délibérations législatives et des procédures : — *L'exactitude est seule exigée dans tout ce que comprennent les débats parlementaires. — L'intention de nuire peut se trouver dans le rapport tronqué d'une procédure, et dans la promulgation prématurée des détails.*

L'intention se recherche en même temps que la justification peut être admise :

1º Dans l'exercice d'un droit d'intérêt, ou propre, ou de profession, ou d'affection, ou de conscience : — *Publier des prétentions dont la validité est apparente : — Défendre les intérêts d'un Client. — Montrer les dangers de l'inconduite à celui qui s'y livre, ou en informer ceux de qui il dépend. — Prévenir un intéressé du dommage qui le menace.*

2º Dans la divulgation du scandale : — *Signaler son auteur est considéré comme preuve d'intention bienveillante.*

3º Dans les motifs d'utilité publique : — *Les renseignements sur la conduite d'un serviteur sont à l'abri de réprehension, si l'intention de nuire n'est pas évidente. — Aucune limite n'est imposée à la critique d'une production littéraire.*

Hors ces divers cas d'exception, l'intention est inférée du matériel de l'acte : — *L'inadvertance est prise en considération. — La publication effectuée par accident retombe à la charge de l'auteur. — L'inconsidération ou la plaisanterie, n'excusent pas le scandale.*

La RÉPARATION d'un dommage temporel, causé par le tort, est le seul objet des poursuites civiles.

La procédure est civile pour l'injure verbale : elle est en même temps criminelle pour l'offense propagée par les signes : — *La discrétion du Juge règle l'admission à caution. — Les poursuites sont collectives pour des intérêts conjoints.*

Le Jury prononce sur la question du tort et sur l'allocation des dommages. Le Juge applique les règles fondées sur la loi. — *La garantie de la liberté de communication est exclusivement dans l'indépendance d'un Jury.*

La loi est toute entière dans ces mots: « *Celui qui éprouve un dommage par le tort d'un autre, a droit à réparation* ». — *Le mode d'application est abandonné à la sagesse du Magistrat. — Il motive ses décisions. — La publicité est la garantie de sa justice.*

La Plainte doit indiquer le tort existant dans la publication, l'expression, l'application et l'intention: elle doit aussi spécifier le dommage éprouvé.

La Défense s'exerce, au choix du Défendeur, sur tous les points exposés dans la plainte: — *La justification de la vérité, ou de la prescription, doit être signifiée à l'avance.*

L'Evidence s'établit par les preuves écrites, le témoignage et la démonstration.

Le Jugement est prononcé par cinq Juges : — *Ils éclairent le Jury. — Ils peuvent arrêter le jugement. — Ils autorisent le recours en appel*

Le TORT PUBLIC est dans la violation de l'ordre établi, et dans l'incitation au mépris des devoirs sociaux. Il est classé sous ces principaux chefs.

La Religion : — *Nier l'existence et la sagesse de Dieu. — Parler de Jésus-Christ avec irrévérence. — Commenter indécemment les saintes Ecritures. — Saper la doctrine en attaquant ses bases.*

La morale: — *Détruire les principes de moralité, dans leurs rapports généraux envers la société. — Corrompre les mœurs par des écrits licencieux.*

La Constitution : — *Exciter le peuple à changer la Charte, par un exposé trompeur des défauts qu'elle peut avoir. — Fomenter le trouble en présentant des systèmes d'innovation. — Altérer la confiance implicite qui est la force morale des lois.*

Le Roi : — *L'injurier dans sa capacité et dans son intégrité. Blesser sa dignité. — Douter de ses droits à la souveraineté. — Tendre à lui enlever le respect, l'estime, l'obéissance et l'affection de ses sujets.*

Le Gouvernement : — *Susciter le mécontentement contre l'autorité par une fausse représentation des mesures administratives. — User d'arguments captieux dans l'intention de dénigrer les hommes chargés du pouvoir. — Trouver des motifs de blâme autrement que par une discussion calme, fondée sur des faits exacts.*

La Justice : — *S'écarter du respect dû à la personne du Magistrat. — Insinuer des soupçons d'iniquité dans l'administration de la justice.*

Les Puissances étrangères : — *Injurier les principaux personnages d'une Nation amie.*

Intérêts locaux : — *Répandre de fausses rumeurs à dessein d'opérer le renchérissement ou la baisse des denrées. — Publier des prophéties dont la croyance peut être nuisible.*

Provocation à un acte illégal : — *Porter un homme à des excès, par l'outrage. — Attirer sur quelqu'un l'indignation populaire. — Appeler en duel.*

Le Tort est au même degré dans la composition, la transcription, l'impression et la publication d'un libelle : — *Conserver un libelle en sa possession n'est pas répréhensible.*

Les Poursuites s'exercent par accusation, sans instruction préalable : — *La caution est admise. — La saisie des papiers est illégale.*

Le Jury prononce par affirmation ou négation sur tous les points réunis. — *Les Juges appliquent la peine. — Les peines sont l'exposition, la détention, l'amende et le cautionnement.*

TRAITÉ

SUR LA

RÉPRESSION DE LA LICENCE

DANS

LES ÉCRITS, LES EMBLÊMES ET LES PAROLES.

CHAPITRE PREMIER.

DU DOMMAGE.

DIFFAMER, c'est attribuer à quelqu'un une action contraire à la morale, ou défendue par les lois : c'est, par une imputation directe ou indirecte, attirer, sur celui qui en est l'objet, la vindicte publique, la vengeance personnelle, l'horreur, le mépris, le dégoût ou le ridicule.

Le *Scandale*, est la publicité illicite donnée à des actes ou à des pensées, dont la connaissance est nuisible à l'intérêt public ou particulier.

L'écrit scandaleux est nommé *libelle*.

Tout signe quelconque, diffamatoire et scandaleux, est également appelé libelle. Le *signe* est l'emblême, la représentation, l'image, visible et palpable, du fait, de la personne, de la situation, de l'expression ou de l'intention : *signaler*, c'est décrire par tout autre moyen que la parole. Le *geste* est, ainsi que l'accent et le regard, un simple mouvement oratoire, et n'est considéré légalement comme outrageant, que par le sens virtuel qu'il imprime aux paroles.

Les effets de la publicité donnée à des mots, écrits et signes nuisibles, sont un *tort* ou privé ou public : dans le premier cas, c'est *diffamation*, et l'objet de la loi est de contraindre à une réparation envers la partie offensée, pour la perte qu'elle a éprouvée ; dans le second cas, c'est *scandale*, et l'objet de la loi est, en outre de la réparation du préjudice causé à l'individu, de prévenir par la crainte des peines, toutes communications susceptibles de répandre le désordre dans la société.

Le *dommage*, résultant d'un *tort*, est le premier point en considération aux yeux de la justice. On l'apprécie comme *générique*, c'est-à-dire par tous les effets, matériels et spirituels, qui résultent du tort ; et comme *spécifique*, (*specific loss*) c'est-à-dire seulement par la perte temporelle dont le tort est la cause efficiente.

Si un individu a éprouvé une perte tempo-

relle par des communications qui lui étaient relatives, la seule réparation à espérer devant une
cour de justice temporelle, par action contre la
personne, est une indemnité pécuniaire.

Ainsi la *perte temporelle* se trouve distinguée
du *tort spirituel*, qui ne peut être évalué en
argent, et pour la punition duquel on se pour-
voit en certains cas devant une cour ecclésiastique : conséquemment l'injure dirigée à dessein
d'affecter la sensibilité, et qui n'est préjudiciable
à aucun intérêt palpable, ne peut être seule la
cause substantielle d'un procès, quoiqu'elle
puisse influencer considérablement un jury dans
l'estimation des dommages à accorder pour un
tort matériel.

Lorsqu'un homme aura éprouvé une perte
temporelle, ou un dommage, par le tort
d'un autre, il aura droit a réparation. Tel
est le texte exact de la loi générale, ou commune, *(common law)* applicable à toute espèce
de tort : elle est la base presqu'unique des nombreuses décisions qui vont suivre.

Pour remplir le vœu de la loi, en se confor-
mant aux règles judiciaires, il semblerait nécessaire de ne prononcer la réparation que sur la
preuve d'une perte spécifique; néanmoins le cas
de diffamation fait exception aux règles géné-

rales., Certaines communications peuvent être la matière d'une action juridique, sans exhibition de preuves du dommage *spécial.*

Cette exception est fondée sur une forte *présomption,* que la perte a dû être, ou sera éprouvée, en raison de la nature injurieuse de la communication ; et sur la nécessité d'obvier promptement aux préjudices subséquents.

L'imputation d'insolvabilité à l'égard d'un négociant, est un tort dont les effets sont rapides ; s'il devait réunir les preuves de la perte que lui fait éprouver la diffamation, outre la difficulté d'obtenir ces preuves assez évidentes, la réparation légale n'aurait souvent lieu qu'après sa ruine. — Que par des imputations injurieuses, un héritier soit menacé de perdre des espérances fondées sur un droit naturel ; s'il doit prouver la perte, elle ne sera effective qu'après la mort de son parent, et alors le tort sera irréparable.

En dérogeant accidentellement à la rigueur de droit en matière de preuve, et en considérant les imputations qui présentent de fortes présomptions de dommage, comme motifs suffisants de réclamation, on évite les préjudices qui viènent d'être signalés, et, par une prompte réfutation de la calomnie, on en prévient les effets ultérieurs. D'ailleurs les intérêts du défendeur, comme ceux du plaignant, exigent que les progrès du mal soient arrêtés, lorsqu'une légère indemnité peut encore le réparer.

La juridiction positive des cours temporelles, dans l'action pour cause de diffamation, se borne, il est vrai, à contraindre à une compensation pour le dommage éprouvé ; mais il se rencontre souvent dans la nature du sujet des moyens de réparation plus efficaces que les dédommagements pécuniaires. L'opportunité offerte à la partie injuriée de repousser hautement et immédiatement la calomnie, en provoquant un examen public, est quelquefois d'une plus haute importance que de recouvrer des dommages, et peut difficilement s'obtenir par une autre voie. Or, quoique ce mode de réparation ne soit pas considéré comme principal, sous le point de vue légal, le bien qui peut en résulter est tellement évident, qu'il fournit une raison puissante pour modifier occasionnellement des formes dont ce bien est l'unique but.

Le dommage résultant de sons ou de signes considérés comme tort, est un préjudice, ou envers les individus, ou envers la société.

Relativement aux intérêts particuliers, le point d'examen est, dans quelles circonstances un individu peut recouvrer des dommages pour une communication qui lui a été nuisible.

Ce point se divise en deux questions distinctes ;

1° Comment est-il évident qu'un homme a souffert une perte temporelle par l'effet d'une communication qui lui était relative ?

2° Comment cet acte de communication peut-il être considéré comme un tort ?

Puisque l'évaluation du dommage s'établit, ou par la *preuve*, ou par la *présomption*, il doit être considéré,

1° Dans quels cas et sur quels motifs il est légalement *présumable* qu'une perte a été éprouvée par l'effet de la diffamation ;

2° Si la perte spécifique doit être *prouvée*, comment il est rendu constant qu'elle a été causée par la diffamation.

Les cas où l'action contre la personne est admise sans qu'il soit nécessaire de produire les preuves d'un dommage spécial, sont :

1°   L'imputation de crime ;
2° — de maladie contagieuse ;
3°   L'imputation préjudiciable à la profession ;
4° — nuisible aux droits d'hérédité, ou de possession ;
5° — propagée par les signes ;
6° Le *scandalum magnatum*.

Hors ces divers cas d'exception, la *preuve* du dommage doit être rendue évidente.

CHAPITRE II.

IMPUTATION DE CRIME.

Le dommage immédiat et évident qui résulte d'une imputation de crime capital, est la dégradation sociale, et le risque d'être poursuivi criminellement. Il en ressort la présomption que, d'une part, l'individu a perdu les avantages que lui procuraient ses rapports avec la société, et que de l'autre sa vie est mise en danger ; car la suspicion causée par l'imputation peut attirer sur lui le traitement infligé aux malfaiteurs.

Aux yeux du ministère public une imputation est une accusation indirecte qui autorise à ordonner l'arrestation de l'inculpé. Si l'imputation est fondée, elle devient accusation positive, et cesse d'être diffamation ; mais si elle est dénuée de preuves suffisantes pour attirer le châtiment, le malheureux sort de prison couvert d'un odieux qui s'efface difficilement, et il a supporté les pertes et les chagrins que cause la détention.

Le doute qui peut exister sur la vérité ou la fausseté de l'imputation, présente des dangers éventuels qui aggravent encore le préjudice ap-

préciable : une fatale combinaison de circonstances et l'influence de la prévention populaire,
peuvent porter le jury à prononcer la condamnation ; surtout si ce jury est composé de voisins
prédisposés contre l'accusé par un sentiment
d'aversion né de rapports antérieurs.

La liberté est considérée par la loi comme
d'une telle importance, que la seule probabilité
de sa suspension est une cause suffisante pour
autoriser un individu à témoigner de son innocence devant une cour de justice civile, par des
poursuites contre son diffamateur, afin de prévenir les dangers qu'il aurait à courir devant une
cour criminelle, et afin de recouvrer des dommages pour le tort estimatif que ses intérêts ont
pu ou peuvent éprouver.

Les motifs de poursuites se trouvent donc dans
ces deux positions ; la dégradation sociale, et les
risques d'une procédure criminelle : Toutefois la
première n'est qu'une conséquence nécessaire de
la seconde, et « *le danger de la partie injuriée
est, sous le point de vue légal, considéré comme
le principal motif de poursuites.* »

Néanmoins il y a eu des occasions où le
risque des poursuites au criminel n'a été ni le
seul, ni le principal motif d'une action légale, et
où la réparation a été accordée en conséquence

d'imputations qui , si elles avaient été crues et même prouvées , n'auraient attiré sur le plaignant aucunes peines ultérieures.

Il était dit : « Carpenter est condamné à une détention perpétuelle , et si ce n'eût été à cause de Leggat , il aurait été pendu pour avoir ouvert avec effraction le grenier du fermier A. , et volé son lard. » — Carpenter ayant été acquitté , n'avait plus à redouter de nouvelles poursuites.

Il était dit : «Tu as été détenu à Launceston pour crime de fausse monnaie ». Sur la réponse , « si je l'étais , je m'en suis bien tiré , il fut ajouté : « Oui , mais tu as été marqué dans la main pour punition. » — Le châtiment ayant été infligé , ne pouvait plus se renouveler.

Il était dit : «Tu es un voleur , et tu as dérobé mon argent. » — On argua inutilement que l'imputation n'indiquant pas d'époque , il était possible qu'elle se reportât à un temps antérieur au pardon général qui venait d'être accordé , et qu'alors le plaignant n'aurait pas droit à des dommages pour un danger dont il était à l'abri par l'effet de ce pardon.

Malgré ces exceptions fort rares , il est établi comme règle « *qu'aucune imputation injurieuse au plaignant , quel que soit l'odieux qu'elle comporte , ne peut lui donner droit à des dommages , sans preuve de perte spécifique , à moins qu'elle n'implique un délit ressortant d'une cour temporelle de juridiction criminelle. »*

Il existe des expressions adoptées par l'usage comme injurieuses, et dont le sens précis n'a jamais été assez défini pour que l'on puisse estimer raisonnablement le dommage qui peut en provenir. Le tort est bien dans l'injure, mais, pour être susceptible de réparation, il faut qu'il ait des effets probables ; or, comment présumer qu'un homme, parce qu'il a été appelé « Coquin » en a éprouvé un dommage ? Quel emploi lucratif peut-il avoir perdu par une injure aussi vague ? Quel marchand lui aura refusé du crédit sans autre motif que ce mot injurieux qui n'a pas d'acception déterminée ? Quelle femme respectable aura rejeté sa main à cause de cette prétendue tache ?

Dire, d'une manière générale, qu'un homme s'est parjuré, n'est pas actionnable ; car on ne désigne pas alors le procès pendant lequel ce crime a été commis ; et par cette omission , l'imputation peut n'exprimer qu'un serment sans valeur légale, « une faute morale qui n'est pas répréhensible devant la loi. »

Dire qu'un homme a détourné un testament à dessein de frustrer ses co-partageants, n'est pas actionnable ; « c'est un abus de confiance que la loi n'atteint pas. »

Dire : « Il a conseillé à un spadassin de me tuer, » n'est pas actionnable. Sir Edouard Coke dit, dans ses Commentaires : « Le conseil, le projet, l'intention, si aucune action n'en a été la suite, n'est pas répréhensible devant la loi. » — L'autorité de cette opinion est contestée.

Les mots « fripon, » « gredin, » et autres équivalents, ne sont pas actionnables, « parce qu'ils n'imputent pas d'une manière précise, une offense justiciable des cours temporelles. »

Le mot « escroc » était autrefois considéré comme trop vague pour être actionnable ; le juge Aston a nouvellement décidé le contraire.

Dire d'un homme qu'il est mauvais père, mauvais mari, mauvais fils ; dire qu'il est ivrogne ou menteur, ou l'accuser d'avoir manqué de bonne foi, sont des imputations qui ont pour effet de donner de lui une mauvaise opinion, et conséquemment de lui nuire ; mais pour éviter ce préjudice, si l'on prétendait que le dénigrement dût encourir des poursuites, l'action s'étendrait sur toute espèce d'injures dénigrantes ; il n'y aurait plus de bornes dans les procédures ; des provocations adroites seraient une ressource pour ceux qui vivent de disputes ; des spéculations s'établiraient sur l'irritabilité des personnes. Alors la tranquillité serait bannie ; l'homme fuirait la conversation de son semblable, dans la crainte de céder à un mouvement d'impatience ; un maintien forcé, la contrainte, la gêne, remplaceraient la franchise, l'épanchement, l'abandon.

Les règles établissent que « *des termes injurieux exprimant d'une manière générale des mœurs corrompues, ou des actions vicieuses, ne sont pas actionnables, parce qu'ils n'imputent pas d'une manière distincte une offense justiciable des cours temporelles, et parce qu'ils n'offrent dans leurs effets probables aucune perte susceptible d'évaluation.* »

Si, malgré l'improbabilité, il était effectivement résulté un dommage d'une imputation injurieuse, on serait admis à en soumettre les *preuves* à l'examen du jury.

L'action judiciaire, sans preuve de perte spécifique, étant limitée aux cas où l'offense imputée est justiciable des cours temporelles, il convient d'examiner si elle s'applique à *toutes* ces offenses, ou seulement à quelques-unes.

Il est impossible d'admettre que la violation d'une loi existante n'est pas en quelque degré un acte déshonorant. Quoique la nomenclature des crimes indiqués dans le Code pénal montre l'offense sous une variété de nuances infinies, il faut reconnaître que le délinquant le moins reprochable, ne peut, à toute rigueur, être considéré comme totalement exempt de blâme.

Cependant, en nombre d'instances, la défaveur populaire attachée à l'offense imputée, est tellement insignifiante, qu'elle peut à peine être vue comme matière à procès.

Flint dit : « Tu as reçu et caché ton fils dans ta maison, sachant qu'il était prêtre catholique. » — Les mots furent jugés diffamatoires et actionnables, parce que l'offense avait été reconnue criminelle par la loi. Comme on ne pouvait présumer que l'imputation pût être essentiellement nuisible à la réputation du père, la réparation ne fut accordée que pour le danger encouru par des poursuites au criminel.

La validité de la distinction entre *mala prohibita* et *mala in se*, a été niée par des autorités respectables. En ce qui a rapport à l'action morale, il paraît exister similitude légale entre ces deux espèces d'offenses. Le larcin et la fabrication de fausse monnaie sont également défendus comme nuisibles aux intérêts de la société, avec cette différence que le premier, *malum in se*, est généralement réprouvé comme absolument criminel ; tandis que l'autre, *malum prohibitum,* ne l'est que par des conventions sociales. La culpabilité morale dans chaque cas, est en proportion exacte avec le mal effectif produit par l'offense, et ne se détermine pas par les raisons qui portent à qualifier ce mal, le prohiber et le punir. Mais ce serait concevoir une perfection chimérique que de supposer à tous les hommes la pénétration nécessaire pour distinguer la gravité morale d'un délit ; et il est difficile de persuader à un jury que l'homme qui, entraîné par l'affection paternelle, donne un asyle à son fils, doit être considéré, par la communauté, comme aussi coupable qu'un voleur ou un assassin.

La règle est que « *l'imputation de trahison, ou de tout autre crime capital reconnu tel par les lois, est actionnable sans qu'il soit besoin de prouver qu'il en est résulté un tort matériel* ».

Dans le nombre d'offenses capitales, on doit comprendre l'extension donnée au crime de lèse majesté, où tous projets et complots tendants à attenter à la vie du roi, sont crimes ; et aussi la non-révélation, qui soumet à des peines graves: dans ces cas, l'imputation d'intention ou d'omission équivaut à l'imputation d'un acte criminel.

Il était dit: « Si sir John Sydenham pouvait effectuer sa volonté, il assassinerait le roi ». L'action fut admise quoique les mots ne se référassent qu'à l'intention, parce que c'est une offense capitale que de concevoir un tel dessein.

L'action fut admise pour avoir dit : « Il était informé de l'assassinat de L., et il ne l'a révélé que lorsqu'il a été rendu public ».

Des imputations d'offenses moins graves ont provoqué des décisions dont quelques-unes ont fait autorité.

Il était dit : « J'ai été arrêté en vertu d'une procuration fabriquée par M. Stone ». — Quoique l'acte imputé ne fût pas criminel, la cour admit l'action.

Dans plusieurs cas, l'imputation de simples suggestions ou tentatives pour commettre un crime, a été un motif à action.

Il était dit : « Milady Cockaine a offert deux shillings à une femme enceinte, en l'engageant à s'enivrer, afin qu'elle avortât, parce que son enfant était du fait du sommelier de sir Thomas Cockaine ». — On décida que la réputation de milady était lésée, et que si l'imputation était vraie, il y aurait cause à employer la contrainte pour s'assurer de sa conduite ultérieure. L'action fut admise, et cependant il n'était pas question que l'argent eût été donné, ni qu'aucun acte criminel eût été effectué.

Il était dit : « Ils avaient fait l'accord de payer

un homme pour me tuer, et Gough s'était chargé de me désigner ». — Le juge Gawdy opina que ces mots n'étaient pas actionnables, parce qu'ils n'indiquaient aucun acte commis à l'effet de nuire, comme s'il avait été dit : « Il soudoya un homme pour me tuer ». Les juges Wray et Finner eurent une opinion contraire.

Il était dit : « Si j'avais écouté C., H. ne serait plus vivant » — L'action fut admise.

Il était dit : « Il s'est placé sur le chemin d'un orfèvre pour le voler ». — On argua en vain qu'il n'existait pas imputation de crime, mais seulement de faute grave (*misdemeanor*). La décision de sir Edouard Coke, citée précédemment, ne put prévaloir : les juges admirent l'action sur ce que l'acte imputé, quoique n'étant pas le crime effectué, est plus qu'une simple intention, et doit être considéré comme un commencement d'action, qui est puni d'amende et de détention. Le juge Jones mentionna à l'appui, un cas où il était dit : « Neuf personnes se sont réunies pour me voler; toi, Wick, tu étais l'une d'elles »; et où l'action fut admise.

Pendant une élection, Lindsay dit : « Ces guinées que voici dans ma main, sont de M. Bendish, l'un des candidats, et m'ont été données pour voter en sa faveur : il a acheté mon suffrage, et il l'aura ». — Il fut argué que ces mots n'avaient pas l'effet possible d'attirer une peine ni des poursuites ruineuses ; mais le premier juge Holt maintiut que l'action était admissible, parce que la corruption, dans ce cas, est un véritable délit.

Il était dit, en parlant d'un membre d'une commission d'arbitres nommés par la chancellerie : « Sir Georges Moor est un homme corrompu, il a reçu des présents de Richard King pour agir contre la justice et l'équité ». — La cour prononça la réparation, sur ce que le plaignant étant chargé d'une commission royale, un abus de confiance dans l'exécution, était puni d'amende par voie judiciaire.

Dire d'un homme qu'il a donné une somme d'argent aux administrateurs pour être nommé quartier-maître d'un vaisseau de guerre, est actionnable. — Un tel acte est une violation de la confiance publique, dont sont coupables les administrateurs, ainsi que celui qui les a corrompus.

Ligon imputa à sir William Russel, juge de paix, d'être l'auteur d'un libelle. — Quoique la publication d'un libelle ne fût pas une offense capitale, mais seulement punissable d'amende et d'emprisonnement ; l'action fut admise.

Dire de quelqu'un qu'il a recelé des marchandises, sachant qu'elles avaient été volées, est actionnable, quoique l'offense, n'étant pas ca

pitale,, ne soit punie que d'amende et d'emprisonnement.

Parmi une foule d'exemples semblables, où
l'opinion de quelques magistrats n'a pas prévalu
ultérieurement, on trouve cette décision qui
depuis a servi de règle : « *Il y a cause à action, sans
preuve de dommage, pour tous mots impliquant
l'imputation d'une offense pour laquelle il y
aurait motif à des poursuites judiciaires.* »

Le premier juge Holt pensait qu'une imputation, pour être actionnable, devait exprimer une
offense portant peine infamante. Ainsi la peine
d'amende et d'emprisonnement pour escalade
d'un enclos, n'entraînant pas infamie, n'aurait
pu fonder une action. — Cette opinion na pas
fait règle.

Le juge Finch dit : « Si un homme profère mé-
» chamment une fausse diffamation tendant à
» attirer le danger sur un autre devant la loi,
» comme de dire, « il a rapporté que la valeur
» monétaire était dépréciée. » Il y a punition pour
» une telle imputation. » — Cependant la peine
infamante n'est pas appliquée à cette offense.

Le juge Lawrence dit, « qu'il ne pensait pas
comme le juge Williams, que les mots impliquant
infamie, discrédit ou disgrâce, étaient un juste
sujet de poursuites.

Les règles les plus correctes sont celles-ci,

établies par le premier juge Grey : « De tout
» ce que je puis recueillir des décisions pri-
» ses dans les procédures pour imputation, il
» appert que deux règles générales ont guidé
» les cours de justice pour distinguer si les mots
» étaient actionnables sans preuve de perte spé-
» cifique. L'une est que *les mots doivent renfer-*
» *mer une imputation expresse de quelque crime*
» *sujet à punition, soit offense capitale, crime*
» *infamant, ou faute grave (misdemeanor) :*
» l'autre est que *l'accusation, affectant la per-*
» *sonne dont il est parlé, soit précise.* »

Quand la peine attribuée à une offense est seulement pécuniaire, il ne paraît pas que l'imputation de cette offense puisse fonder l'action,
même si, faute de payement de l'amende, l'emprisonnement était ordonné par les statuts, parceque la détention n'est pas la peine immédiate
appliquée à l'offense.

De toutes ces autorités, il semble enfin devoir
être inféré généralement *que d'imputer un crime*
ou offense pour lesquels une peine, excepté celle
simplement pécuniaire, peut être infligée par une
cour de justice temporelle, est un juste motif à
action, sans qu'il y ait nécessité de fournir des
preuves d'un dommage spécial.

Toute objection sur l'étendue de cette règle
est en grande partie prévenue par les statuts de

Jacques Ier, lesquels portent que « si les dommages accordés ne s'élèvent pas à quarante shillings, les frais n'excéderont pas les dommages. » Cette mesure de prévention indirecte est très-utile, en resserrant dans d'étroites limites les moyens de contention qui servent d'aliment à la chicane.

Lorsque l'imputation contient une accusation directe de crime, en termes précis, il se rencontre peu de difficulté dans l'application des règles ; mais en plusieurs occasions l'emploi des mots à double sens, où la préméditation n'est pas évidente, et où le choix intentionel de certaines expressions a pour but d'effectuer le tort avec impunité, a été un sujet de perplexité pour les juges.

Dans le plus grand nombre de cas la question a été, non si l'imputation de l'offense était actionnable, mais si, dans le point de fait, une offense avait été imputée par les expressions.

Les règlements fondés sur la loi déterminent que, pour fonder une action, les mots imputant un crime doivent être précis ; mais il n'est nullement essentiel qu'ils expriment en eux-mêmes une imputation claire et directe. Des réglements ainsi conçus n'offriraient aucune sécurité contre la calomnie qui peut aussi bien arriver à l'entendement par des allusions artificieuses, d'adroites prétéritions et des insinuations équivoques, que par les assertions les plus explicites.

Il est pourtant indispensable que la partie plaignante, qui prétend avoir souffert par l'imputation d'un crime, montre d'une manière évidente la nature injurieuse de la communication. Pour y parvenir, elle doit démontrer que les mots ou signes employés, étaient par eux-mêmes, ou par leur application à de certaines circonstances, l'expression d'une intention offensante, et que le défendeur les a en effet employés dans ce sens.

L'application des mots ou des signes, d'après la direction qui leur est attribuée, doit être établie clairement dans la teneur de la plainte, comme exposition nécessaire pour fonder le droit à action. Quant à la décision que le défendeur les a en effet employés dans ce sens, c'est le point du procès, c'est l'objet livré à la considération du jury:

Il est à propos d'examiner quelles différentes sortes d'ambiguïtés peuvent naître, non seulement dans le cas particulier où le voile du doute couvre l'imputation d'un crime, mais encore dans tous les rapports avec les divers cas de diffamation et de scandale, considérés d'une matière générale. Les mêmes règles régissent cette matière dans toutes ses parties.

Les mots et les signes peuvent être divisés en trois classes.

1° Ceux qui transmettent évidemment et avec précision l'intention positive : comme si A. dit à B. : « Tu as assassiné C. »

2° Ceux qui, présentant un sens imparfait, transmettent une intention douteuse, et font hésiter à croire qu'ils expriment l'idée ingénûment ou avec artifice, comme si A. dit à B. : « Tu as *causé* la mort de C. »

3° Ceux qui, *primâ facie*, dans le sens abstrait, sont innocents, et tirent leurs qualités offensantes de circonstances ultérieures qui en déterminent l'application : comme si A. dit à B. : « Tu n'as pas assassiné C. !!! » Ces mots, suivant l'accent ironique avec lequel ils sont prononcés, peuvent transmettre à l'esprit des auditeurs une imputation d'assassinat aussi positive que l'accusation la plus directe.

A l'égard des ambiguïtés ressortant de la seconde et de la troisième classe, telles sont maintenant les règles fixes considérées comme loi. *Les juges et les jurés interpréteront les mots dans le sens que l'auteur entendait transmettre à l'esprit des auditeurs, d'après le développement de toutes les circonstances relatives au sujet. Quand des doutes s'élèvent, il est dans les attributions du jury de décider si les mots ont été employés malicieusement et avec l'intention de diffamer, et c'est un point de fait qui doit être déterminé, en ayant égard à toutes les circonstances concomitantes. Les attributions des juges sont de décider si les mots, pris dans le sens malicieux qui leur est attribué, peuvent seuls, ou par les circonstances relatées dans le procès, former la cause légale d'une action.*

Un long temps s'écoula avant que ces règles fondées sur la justice, et soutenues par des analogies légales, prévalussent dans les procédures pour des mots. Autrefois, la doctrine des cours de justice était de concevoir les mots dans le *sens le plus doux*, en opposition directe avec l'opinion du jury.

Afin de juger comparativement, nous rechercherons quelque cas où prévalut la doctrine du *benignior sensus*.

Dans une cause pour ces mots : « Tu as brisé les coffres de J. G., et tu en as enlevé quarante liv. sterlings. » L'opinion du jury était favorable au plaignant ; les juges maintinrent que le sens direct des mots n'impliquait pas absolument l'accusation d'un crime, puisque l'argent pouvant avoir été pris et les coffres brisés en plein midi, devant témoins, et pour des causes légitimes, l'idée du crime ne ressortait pas nécessairement de l'action.

Il était dit : « Tu es un vagabond ; tu m'as attendu sur le grand chemin, et tu m'as pris ma bourse ; je suis prêt à le jurer. » Le jury prononça en faveur du plaignant, et les juges autorisèrent le pourvoi en appel, sur ce que les mots n'imputaient pas explicitement un crime, puisqu'il était possible que la bourse eût été prise par plaisanterie, ou par tout autre motif irrépréhensible.

Il était dit : « Tu as volé des barres de fer qui étaient aux fenêtres d'une maison. » Des barres extérieures étant partie du fonds, les dérober n'est pas crime capital ; et par ce motif, l'action fut rejetée sur ce que les mots n'exprimant pas que les barres de fer étaient dans l'intérieur, le sens de l'imputation devait être conçu de la manière la plus favorable au défendeur.

Il était dit : « Tu as volé mon blé dans mon champ. » Le sens étant conçu vol de blé sur pied, qui n'est pas crime capital, le plaignant fut débouté.

King avait dit : « Alice Bagg a eu dans ses mains les choses volées, et elle sera pendue. » Le jugement fut cassé en appel, sur ce qu'il n'était pas imputé qu'elle avait volé les objets ; qu'il était possible qu'elle les eût eus en sa possession par des moyens légitimes, et que les mots « elle sera pendue » ne devaient pas être considérés comme une conséquence positive des premiers.

« Tu mènes la vie d'un coquin ; je ne doute pas que tu ne sois pendu pour avoir frappé G., qui a été assassiné. » Il fut décidé que ces mots n'étaient pas l'affirmation explicite que le meurtre était du fait du plaignant ; qu'il était possible que G. eût été frappé par le plaignant et assassiné par un autre ; et que des inductions ne pouvaient fonder une action.

« Tu es un coquin, toi qui as reçu une truie et une vache, sachant qu'elles étaient volées. » L'action fut rejetée, sur ce qu'il était possible que le défendeur eût entendu que le plaignant, en sa qualité de magistrat ou de seigneur d'un manoir, avait reçu les bestiaux en dépôt comme épaves ou propriétés d'un criminel.

« Ton fils a coupé ma bourse ; toi, le sachant, tu l'as reçue, et les bagues, ainsi que l'argent qu'elle contenait, ont été vus dans ta main. » Il ne parut pas évident que l'intention était d'exprimer que la bourse avait été prise et reçue dans des vues criminelles.

Il est inutile de faire mention ici des autres

cas où ces règles ont été observées : ceux qui suivent expliquent la doctrine qui prévaut maintenant.

Il était dit : « Tu as été parjure dans une cour de justice, et je le prouverai. » Le prononcé du jury étant favorable au plaignant, il fut argué, en arrêt de jugement, (1) qu'il n'était pas dit dans quelle cour de justice le parjure avait été commis, ni s'il avait été commis devant un jury; qu'il était possible d'induire de l'imputation que le parjure n'avait pas été commis judiciairement, mais seulement dans une conversation tenue dans une cour de justice. On répondit avec succès que l'intention d'accuser de parjure criminel résultait du sens ordinaire des mots et de leur induction naturelle, et qu'ainsi, d'après l'aveu des auditeurs, il avait été exprimé

---

(1) *To move in arrest of judgment.* — Demander que le jugement ne soit pas prononcé sur la déclaration du jury, eu montrant des défauts matériels dans la procédure; tels que fausse indication du jour assigné pour comparaître; corruption de jurés; différence entre la déclaration, et le sujet plaidé; défauts essentiels dans la manière de présenter la cause; erreur dans la dénomination des personnes; allocation de dommages plus élevés que ceux demandés par le plaignant; ambiguïté dans certaines expressions de la plainte, etc. Le plaignant doit former sa demande en arrêt de jugement dans les quatre jours : le défendeur a toute la session pour y répondre.

par le défendeur et conçu par les auditeurs la violation d'un serment donné et reçu devant un tribunal compétent.

Il était dit : « tu as contrefait un sceau privé et un brevet ! Pourquoi n'as-tu pas décacheté ton brevet ? » Après le prononcé du Jury en faveur du plaignant, il fut argué que les mots n'exprimaient pas l'intention de faire entendre qu'il s'agissait du sceau privé du roi, ni d'aucun brevet où ce sceau dût être apposé ; que n'étant pas dit quel brevet, les mots subséquents « ton brevet » montraient qu'il était entendu un brevet fait par le plaignant lui-même. Les juges prononcèrent que l'action était légale ; qu'il résultait de la déclaration du Jury, que la plainte était fondée, qu'ainsi il ne devait plus être douteux que l'acte imputé était un crime de contrefaction.

Il était dit : « Tu es un coquin, tu t'es introduit par effraction dans une maison d'Oxford, et ton grand père a été obligé de donner 30 liv. st. pour effacer les traces de ton délit. » A la suite de la déclaration du jury, favorable au plaignant, il fut argué en arrêt de jugement, que le mot « coquin » n'était point actionnable ; que s'introduire dans une maison en forçant l'entrée, était une simple infraction au droit de propriété, et qu'effacer les traces d'effraction, sous-entendait la réparation de dommages accidentels. La Cour décida au contraire, que d'après l'arrangement des mots qui composaient l'imputation, tout homme qui les aurait entendus, n'aurait pu y voir que l'intention d'exprimer l'introduction dans une maison, effectuée par des voies criminelles, et elle ajouta : » Quoique dans les anciens recueils la » règle soit d'entendre les mots *in mitiori sensu*, » d'après Holt, nous prenons les mots dans le » sens ordinaire, et tels qu'ils peuvent faire im- » pression sur l'entendement de toute personne. »

Pierre dit, « Balter a volé mon buis, et je puis le prouver. » Il fut argué qu'il pouvait être entendu « buis sur pied, » lequel vol n'est pas crime capital; que dire : Vous avez volé mon buis, mes pommes ou mon houblon, n'est pas actionnable, à moins qu'il n'y ait aggravation par d'autres mots tels que ceux-ci, « il m'a volé mon buis dans ma cour, ou mon houblon dans un sac. » Que dans un autre cas où les mots étaient « je t'accuse de félonie pour avoir pris dans la poche de J., » il fut considéré que l'accusation de félonie n'était pas positive, mais seulement une fausse conséquence de l'action de prendre dans la poche, qui pouvait être innocente. Le premier juge Holt et la cour n'eurent point égard à l'argument appuyé sur la décision citée, et le juge Powell ajouta « les cas les plus récents sont » contraires, et je veux prendre, pour règle, les

» dernières autorités, parce qu'elles sont fondées
» sur des raisons plus valables. »

Dans une cause, la cour prononça « les *précé-*
» *dents* sur l'action pour des mots, ne sont pas
» d'une même autorité que sur d'autres actions,
» parce que le *norma loquendi* faisant règle pour
» l'interprétation des mots, l'acception peut
» varier suivant les époques, et les mots qui
» n'avaient pas un sens diffamatoire au siècle
» dernier, pourraient l'avoir aujourd'hui, *et vice*
» *versd*. Originairement, les Cours de justice
» voyant que cette sorte de procédure avait sa
» source dans un esprit de chicane, rendu plus
» ardent par le succès, tentèrent d'en arrêter
» les progrès en interprétant la construction des
» mots suivant le *mitiorem sensum*, mais depuis
» quelque temps les calomniateurs comptant sur
» l'impunité, causent des dommages irréparables
» par de fausses imputations, et il est à craindre
» qu'à défaut de protection, l'homme outragé ne
» soit son propre vengeur. Ces considérations
» ont donc porté à adopter les règles suivantes,
» que *les mots seraient pris dans le sens le plus*
» *naturel et le plus évident, et tels que la simple*
» *intelligence peut faire concevoir qu'ils étaient*
» *entendus par ceux à qui ils étaient adressés.* »

La femme Hayward dit : « Georges Button est
l'homme qui a tué mon mari ». Après la décla-

ration du jury , en faveur du plaignant , il fut argué en arrêt de jugement que le mot *tué* était vague ; que *tuer* était justifiable dans le cas de légitime défense ou *per infortunium*; que n'étant pas essentiellement félonie , il ne pouvait être rendu actionnable par interprétation , puisque c'est une maxime reconnûe , de prendre les mots dans le *mitiori sensu*. Le juge Pratt prononça : « Il ne peut être mis en question si ces
» mots sont actionnables. Autrefois les mots
» étaient considérés dans le *mitiori sensu*, afin
» d'éviter les vexations causées par des procé-
» dures alors trop fréquentes; mais maintenant,
» *distinguenda sunt tempora*, et nous devons
» interpréter les mots suivant leur signification
» générale , pour éviter le scandale qui devient
» trop commun. *Nous devons concevoir les mots*
» *dans le même sens que les auditeurs les ont*
» *conçus, et quand les mots n'ont pas d'appli-*
» *cation particulière, et sont également sus-*
» *ceptibles de deux interprétations distinctes,*
» *il est convenable de les interpréter dans le*
» *mitiori sensu ; mais jamais nous n'adopte-*
» *rons une construction opposée à l'intention*
» *naturelle, claire et intelligible, exprimée par*
» *des mots.* Ici le mot *tué* signifie un meurtre
» illicite exécuté volontairement , et il est ac-
» tionnable. Je sais qu'il se trouve , dans nos

» recueils, un grand nombre de décisions sin-
» gulières : d'après le juge Eyre, ces mêmes
» mots seraient pris, dans le sens le plus odieux,
» comme signifiant un assassinat délibéré.
» D'après le juge Fortescue, la maxime d'inter-
» préter les mots dans le *mitiori sensu*, porterait
» à ne rien trouver de répréhensible dans l'im-
» putation. Nous n'adoptons aucune de ces règles
» également outrées ; et nous nous bornons à
» ne chercher que le sens naturel ».

Dans une cause, il fut dit par le lord Mansfield:
« Il est du devoir du jury d'interpréter les mots
» intelligibles et les allusions distinctes, en les
» appliquant aux matières de notoriété univer-
» selle, suivant leur sens évident, et ainsi que
» les concevrait une autre personne. Toutefois
» le défendeur peut donner des preuves ou des
» raisons pour démontrer que ces mots ont été
» employés dans un sens différent, d'après des
» circonstances particulières qui en déterminent
» l'application; mais à défaut de telles démons-
» trations, l'interprétation naturelle des mots et
» le sens qu'ils présentent à l'entendement de
» toute personne désintéressée, doivent prévaloir.
» Si les cours de justice étaient contraintes par
» la loi à faire une étude particulière des cas où
» il est présumable et possible que le sens des
» mots ait pu être innocent, une science aussi

» singulière pourrait peut-être contribuer à ga-
» rantir un coupable du châtiment qu'il a mérité ;
» mais elle ne pourrait ni faire retourner les
» mots vers leur source, ni réparer le tort. Il
» serait étrange de soutenir, et, bien plus, d'ad-
» mettre comme règle légale, qu'un homme a le
» droit de diffamer dans un sens et de se défendre
» dans un autre ; une telle doctrine enfanterait
» bientôt ces *nimias subtilitates* réprouvées
» justement par milord Coke. »

Dans une autre cause, lord Mansfield dit :
« Après la déclaration affirmative du jury, la
» cour s'occupera-t-elle à chercher un moyen
» pour découvrir s'il est possible que les mots
» ayent été prononcés par le défendeur sans
» comprendre l'intention d'accuser le plaignant
» d'avoir été coupable d'un meurtre ? Certaine-
» ment non : s'il est évident que le sens des
» mots est mal expliqué, la déclaration du jury,
» qui établit l'existence d'un tort, est nulle, et
» le tort ne sera pas réparé ; mais si d'après
» leur signification générale, il paraît qu'ils ont
» été prononcés dans l'intention de diffamer la
» partie, la cour ne doit pas exercer son imagi-
» nation pour trouver des acceptions différentes
» de celles qui sont universellement reconnues.
» A l'appui de cette opinion, je vais citer un
» cas où se trouvent des raisons fondées sur le

» bon sens et sur l'équité : c'est celui de Ward
» contre Reynolds. Le défendeur dit au plaignant:
« Je vous connais très-bien. Comment votre mari
» est-il mort ? » Sur la réponse « Comme vous
» pouvez mourir, s'il plaît à Dieu, » le défendeur
» ajouta : « Non, il est mort d'une blessure que
» vous lui avez faite. » Le plaignant n'étant pas
» coupable du fait imputé, la déclaration du
» jury lui fut favorable, et sur la demande en
» arrêt de jugement, la cour maintint que les
» mots étaient actionnables, parce que d'après
» leur contexture ils avaient été prononcés dans
» le dessein de diriger une imputation de crime. »
» Le premier juge, Parker, dit à ce sujet : « Il
« serait étrange qu'après la déclaration du
» jury, une cour de justice essayât de trouver
» s'il n'est pas possible que des mots qui ont
» produit un scandale, aient été dits innocem-
» ment. Si le défendeur n'avait pas admis la lé-
» galité de la plainte, en laissant juger sur le
» fonds, il aurait prévenu la déclaration du jury
» par un pourvoi en référé ; et alors, s'il avait
» été démontré que les mots ont été exprimés
» sans intention malicieuse, le jury aurait
» prononcé en sa faveur ; mais maintenant la
» question n'est plus douteuse, puisque le jury,
» ayant considéré les mots d'après leur cons-
» truction naturelle, a déclaré qu'il était cons-

» tant que le défendeur avait eu l'intention cou-
» pable de diriger une imputation de meurtre ».

Dans une cause, le juge Buller dit : « Sur de
» telles questions je n'ai jamais suivi d'autres
» règles que celles fréquemment tracées par lord
» Mansfield. Dans les résumés qu'il adressait aux
» jurés pour éclairer leur conscience, il enga-
» geait à lire l'écrit désigné comme libelle,
» ainsi que le feraient des hommes jouissant de
» leur simple bon sens, et de prononcer en-
» suite s'il avait présenté à leur esprit le sens
» qui lui était attribué par le plaignant ».

Dans une cause, le juge le Blanc dit : « Il est
» inutile d'essayer de prouver par des argu-
» ments que les mots sont susceptibles d'être
» interprétés dans un autre sens ; la cour doit
» les concevoir comme tout le monde le ferait,
» et nous ne pouvons pas les entendre autrement
» dans le tribunal, que nous ne le ferions si
» nous étions ailleurs ».

Dans une autre cause, où l'action était pour des
mots formant une imputation de parjure, après
la déclaration du jury en faveur du plaignant,
il fut argué, en arrêt de jugement, que les mots
n'imputaient pas le crime d'une manière assez
précise. Le premier juge, lord Ellenborough,
en prononçant le jugement, observa : « La ques-
» tion est simplement celle-ci, savoir si les

» mots expriment l'accusation ; c'est-à-dire, si
» leur construction peut présenter à l'entende-
» ment d'un auditeur quelconque l'imputation
» du crime de parjure ? La règle qui a prévalu
» pendant un certain temps était que les mots
» devaient être entendus dans le *mitiori sensu*,
» mais elle est abandonnée ; maintenant l'inter-
» prétation donnée aux mots est ce qu'elle au-
» rait dû toujours être, c'est-à-dire, le sens po-
» pulaire et naturel adopté universellement ».
En concluant, il ajouta : « Sans considérer cette
» série de décisions contradictoires qui ont été
» citées dans le cours des débats, il suffit de
» dire que ces mots, candidement et naturelle-
» ment interprétés, nous paraissent avoir été
» calculés à dessein d'exprimer l'imputation
» d'un parjure criminel commis par la personne
» de qui il était parlé : dès lors il doit être passé
» outre sur la demande en arrêt de jugement ».

De ces divers cas, renfermant l'opinion des juges les plus éclairés, il résulte que *quand les mots ou signes sont susceptibles de deux cons- tructions, le sens dans lequel ils sont admis avoir été entendus, est un point de fait à déci- der par le jury ; que le jury, en formant son opinion, doit être dirigé par la même impres- sion que les mots ou signes ont dû produire sur l'esprit de ceux qui les ont entendus ou vus, en*

ayant égard à toutes les circonstances conco-
mitantes; et que ces mots ou signes doivent, après
la déclaration du jury en faveur du plaignant,
être considérés, par les juges, comme transmis
avec l'intention de nuire.

Ces observations sont applicables aux mots ou
signes qui, n'offrant rien d'offensant dans leur acception ordinaire, tirent leurs qualités nuisibles
de circonstances ultérieures ; parce que de tels
mots ou signes sont aussi préjudiciables aux intérêts
d'un individu que l'accusation la plus directe. Le
tort est la perte de la réputation ; s'il a été effectué, si les desseins du méchant sont accomplis,
les moyens employés sont insignifiants pour la partie souffrante, et ils sont répréhensibles aux yeux
de la loi, qui veut que le dommage soit réparé.
Holt écrivit un pamphlet intitulé : « Avis au
Lord chancelier, par un Curé de village », où il
exprimait ses vœux pour qu'il eût de la piété
comme l'évêque de Salisbury, une conduite
aussi réglée que celle du lord Haversham, du
courage comme tel autre lord, etc. et ainsi il
donnait d'une manière ironique une réputation
équivoque à chaque seigneur mentionné. Sur
l'exposé de la plainte, le jury trouva Holt coupable, et dans la demande en arrêt de jugement, on objecta qu'il n'avait rien exprimé d'in-

jurieux sur aucune personne , et qu'au contraire tout ce qu'il avait dit était honorable. La cour prononça que « son discours avait, dans la plainte, été considéré comme ironique ; que ce point de fait avait été abandonné à la discrétion du jury ; qu'en l'acquittant après une telle déclaration , ce serait décider implicitement qu'il a le droit d'injurier par des moyens artificieux. »

Après avoir ainsi déterminé quelles sont les règles générales d'interprétation adoptées par les cours de justice, nous examinerons leur application aux différentes sortes de cas où le crime est imputé ; puis le degré de certitude et de particularité nécessaire pour rendre de telles imputations actionnables.

Considéré généralement, il faut qu'il y ait évidence, 1° qu'un acte a été imputé par le défendeur ; 2° que cet acte était d'une nature criminelle ; 3° qu'il y avait intention de l'attribuer au plaignant.

L'imputation est déduite de tous les moyens de communication employés pour parvenir à l'entendement. *Suspicion , opinion , comparaison , oui-dire , interrogation, réponse, exclamation , adjectifs, disjonctifs ; enfin , le sens virtuel des sons ou des signes employés pour parvenir à se faire entendre.*

Sur les termes de suspicion. — Il était dit : « Hext, pour s'approprier ma terre d'Allerton, en veut à ma vie ; si je trouvais John Silver, je ne doute pas que sous deux jours, je ne parvinsse à faire arrêter Hext, comme coupable de félonie ». Ces mots furent ainsi expliqués — « *pour s'approprier ma terre* », il pouvait désirer se l'approprier par voie de compensation » — « *Il en veut à ma vie* », il pouvait en vouloir à la vie pour une juste cause, et par des poursuites légales ; d'ailleurs il n'y a qu'intention, et ce n'est pas crime. — Mais l'action fut admise pour les autres mots, parce que la suspicion de félonie peut attirer des pertes, des chagrins et des dangers.

Un défendeur apprenant que les granges de son père avaient été incendiées, dit : « Je ne puis imaginer qui l'a fait, si ce n'est lord Sturton » : l'action fut admise.

Il était dit : « J'ai rêvé qu'il avait commis tel crime, » il y eut droit à action sur ce que ces mots donnaient suffisamment cause à la présomption légale.

Un défendeur dit : « Il sent le vol et l'assassinat commis dernièrement ; il sent le meurtre. » Le plaignant obtint jugement en sa faveur, après de vifs débats et une longue délibération ; et cette décision fut citée et approuvée ultérieurement dans plusieurs causes.

Sur les termes d'opinion. — L'action fut admise pour ces mots « je suis entièrement convaincu que vous êtes coupable, etc., » parce que « entièrement convaincu » équivaut à une affirmation positive ; un homme n'affirmant une chose que sur la conviction de l'existence de cette chose. — L'action fut également admise sur ces mots. » Si tu avais ce que tu mérites, tu serais pendu pour avoir commis *tel* crime. »

Sur les termes de comparaison. — L'action fut admise dans ces cas. — « Tu es tout autant voleur que J. G. qui a pris des courtepointes. » — « Tu es aussi notoirement voleur qu'aucun autre en Angleterre. » — « Aussi vrai que le monde est gouverné par Dieu, et le royaume par le roi Jacques, J. N. a commis un acte de trahison. »

Sur les termes de oui-dire. — Le défendeur ayant dit: «Une femme m'a rapporté qu'elle avait entendu dire que l'épouse de Meggs avait empoisonné son premier mari dans une jatte de lait », l'action fut reçue. Lorsqu'un rapport scandaleux est transmis à des auditeurs, le propagateur est coupable, et peut être pris à partie comme fabricateur de l'imposture, à moins qu'au moment où il divulgue le scandale, il n'offre au plaignant de lui faciliter un motif d'action contre le premier auteur de l'imputation.

Sur les termes d'interrogation. — Il y eut

cause à action pour ces mots : — « Quand voudras-tu restituer les neuf moutons que tu as volés à N ? » — « Avez-vous appris que J. G. est coupable de trahison ? » — A. femme de B. étant ainsi interpellée par C. » Quand votre mari fera-t-il pendre D? » répondit « Quoi ! serait-ce pour avoir volé nos marchandises après avoir forcé notre maison la nuit ? » — Jones publia cet avertissement simulé « Il est fait savoir qu'une récompense sera donnée à celui qui produira la preuve que Jacques Delany, résidant à Corke, était marié avant neuf heures du matin le 10 août 1799. » Lord Ellenborough référa au jury de prononcer si cet avertissement n'imputait pas indirectement un acte de bigamie. La déclaration fut affirmative.

Sur les termes d'exclamation. — Dire « cet infâme parjure ! » est actionnable.

Sur les termes disjonctifs. — On a décidé autrefois que quand de deux imputations unies par la forme disjonctive, une seule était actionnable, comme de dire : « Tu as volé ma jument, *ou* du moins tu as consenti à ce qu'on me la volât », il n'y avait pas cause à action. L'action serait admise aujourd'hui pour dire : « Elle avait un enfant, et elle, *ou* telle autre l'a fait disparaître. ».

Sur les termes adjectifs. — Quand les mots imputent seulement l'inclination, ils ne sont pas actionnables ; comme de dire : « B. est un misérable, capable d'assassiner; » il en est autrement de dire : « B. est un misérable qui assassine. » — » Infâme conspirateur ! » est actionnable.

Le ton *ironique* rend actionnables ces mots : « tu n'es pas un voleur! »

Sur le sens virtuel ou *implicite*. — Dire : « Si » je voulais, je pourrais prouver que S. s'est » parjuré » exprime que l'acte a été commis.— « Tu es un coquin inscrit au greffe criminel » fait supposer que l'autorité a eu de graves motifs pour exercer des poursuites. — « Dans la cour du » taureau noir, vous pouviez vous procurer de » l'argent monnoyé pour le rogner», on argua que l'imputation n'exprimait que le pouvoir et non' l'acte; la cour décida qu'en indiquant le lieu c'était impliquer l'acte, parce que si l'intention seulement avait été entendue, l'indication de l'endroit aurait été inutile, l'intention d'agir pouvant exister partout. — « Il vous est facile de dépenser de » l'argent en procédures, parce que vous pouvez » rogner les sous et les liards», il fut décidé que les mots impliquaient un acte, en ce que par le simple pouvoir, non réduit à l'acte, on n'aurait pu dépenser de l'argent en procédures. — « Il a été détenu à Growland pour avoir volé des ca- » nards »; il fut argué inutilement que les mots exprimaient seulement la détention qui précède la conviction. — « Un tel est prévenu de parjure;

» G. W. a les instructions du procureur-général
» pour le poursuivre »; l'odieux du parjure criminel est imputé par l'indication des poursuites.
— « J'emploierai tous les moyens possibles pour
» mettre à découvert la turpitude de N.; la déli-
» catesse m'empêche de citer juridiquement un
» enfant de neuf ans qui s'est plaint à moi de
» ses brutalités »; l'imputation de tentatives de
sodomie, quoiqu'implicite, fut trouvée très-
intelligible.

Lorsque l'imputation d'un crime est exprimée, le droit à la réparation, n'est pas diminué par l'impropriété, ou légale ou grammaticale, de la communication : la perte de la réputation et ses conséquences probables, constituent le motif d'action, quels que soient les
moyens employés pour effectuer ce préjudice.

Dans une cause où une femme mariée avait
dit : « Mes dindons ont été volés, et c'est
Charnel qui les a pris »; on argua qu'il y avait
incohérence, parce qu'une femme mariée n'ayant
rien en propre, il était impossible qu'elle fût
volée. La cour décida que les mots devaient être
entendus comme ayant exprimé que le plaignant
avait volé les dindons appartenants au mari. Dans
la même cause, le juge dit : « Si une personne
» qui n'a pas de cheval publiait ces mots : « J. S.

» a volé mon cheval » le tort serait le même pour J. S. que si l'accusateur avait un cheval, parce que ceux qui entendent l'imputation peuvent ignorer qu'il n'en a pas ».

Sur ce qu'il était dit : « Ces guinées *sont* de M. Bendisch, et m'ont été données pour voter en sa faveur », il fut argué inutilement que M. Bendisch ayant donné les guinées, elles n'étaient plus les siennes.

Il est maintenant établi, par des règles généralement observées, qu'*aucune incohérence, ou défaut de propriété grammaticale, ne peut empêcher les mots d'être actionnables, quand l'intention d'imputer un crime est évidente.*

La nature criminelle de l'acte imputé doit être le produit évident, 1º. de l'emploi de termes généralement consacrés par l'usage, et dont l'acception est légalement admise ; 2º. de circonstances propres à donner l'intelligence d'expressions qui en elles-mêmes paraîtraient équivoques ou innocentes ; 3º. de l'exposition simple et exacte des détails qui donnent lieu à croire à l'offense imputée.

On entendait, autrefois, qu'une imputation n'était pas actionnable lorsqu'elle était faite en termes qui ne particularisaient pas les circonstances de l'offense : ainsi, dire d'un homme : « Il est conspirateur, » « voleur, » etc. ne lui donnait pas droit à action, à moins qu'il n'eût souffert un dommage spécial par cette imputation. Le scrupule avait une telle extension, que même dans le cas où les mots relataient quelques circonstances, le plaignant devait prouver que les faits relatifs à l'imputation étaient vrais dans quelque partie, afin de démontrer la probabilité d'un danger encouru par l'imputation. Cette manière de procéder donne lieu de supposer qu'originairement le seul motif qui portait à admettre une action, sans preuve de dommage spécial, était le danger auquel la partie se trouvait exposée par une procédure criminelle ; or le danger résultant de l'imputation de faits faux, paraissait ne pouvoir jamais être grave, en supposant même qu'une imputation vague, dénuée d'indications précises, pût éveiller l'attention du ministère public.

Il était dit : « Jacob a empoisonné T. G ; il m'en coûtera cent livres, mais je veux le voir pendre. » L'action fut rejetée, parce que le plaignant ne pouvait affirmer, et bien moins prouver, que T. G. était mort lorsque l'imputation avait été faite.

Il était dit : « Sir Thomas Holt a frappé son cuisinier avec un couperet, et lui a fendu la tête, de manière que les parties divisées tombaient sur chaque épaule » le jugement fut arrêté, parce qu'il ne paraissait pas constant que le cuisinier fût mort.

Dans d'autres cas antérieurs et postérieurs, de semblables objections n'ont pas été accueillies. Poor dit : « Je traduirai Webb en justice pour avoir empoisonné ma tante. » On argua qu'il n'était pas évident qu'en effet la tante eût été empoisonnée. La cour décida que l'empoisonnement, la mort, le fait, seraient admis comme constants, si le contraire n'était prouvé : il est vrai qu'il fut ajouté que cette preuve détruirait le motif à action.

Gee, ayant sa femme existante, dit à Snag : « Tu as tué ma femme; » l'action fut rejetée, parce que l'imputation ne pouvait produire aucun danger.

Il serait déraisonnable d'exiger du plaignant qu'il prouvât que la personne du meurtre de laquelle il est accusé, n'existe plus. Le diffamateur atteindrait son but coupable avec impunité, en indiquant comme victime du meurtre imputé, un personnage imaginaire. Aussi, dans ce cas, les règles établies sont, que l'action sera admise si les auditeurs ignoraient que la personne indiquée comme ayant été assassinée, fût réellement vivante au moment de l'imputation. On conçoit en effet que sur l'indication du fait d'assassinat et de la victime , le magistrat est autorisé à ordonner l'arrestation de l'auteur présumé du crime, sans considérer s'il est possible qu'il n'y ait eu ni fait, ni victime ; et la probabilité des conséquences d'une prévention de crime n'est pas une chimère, puisque l'on a vu des exemples où le malheureux accusé a été condamné pour l'assassinat d'un individu qui lui survéquit.

Il était dit : « C'est un misérable qui a eu trois ou quatre enfants de A. G. sa servante, et qui les a tués ou fait tuer ; » le plaignant ayant affirmé n'avoir jamais été incontinent avec A. G. ni aucune autre , il fut ainsi argué » n'avoir jamais exercé aucun acte d'incontinence avec A. G., équivaut à l'affirmation de n'avoir jamais eu d'enfants de A. G. ; or, l'action n'est pas admissible, puisqu'il ne peut avoir tué ce qui n'a jamais existé. » On rétorqua en disant « qu'il n'avait pas affirmé spécifiquement n'avoir pas eu d'enfants de A. G. ; mais seulement, d'une manière générale, n'avoir pas été incontinent avec elle. »

Pour avoir dit : » Tu as assassiné, » l'action était admise ; et pour avoir dit : Tu as assassiné J. S., l'action était rejetée, si le plaignant ne produisait des preuves coincidentes de l'existence et de la mort de J. S.; en sorte que la partie aggravante de la plainte était précisément celle qui atténuait le droit à la réparation.

Mais depuis long-temps toutes ces subtilités sont repoussées par les cours de justice, et la règle observée, est *qu'il y a motif à action pour une imputation générale exprimée en termes généralement usités.*

Ainsi, il y a cause à action pour les mots, « traître » « meurtrier » « larron » « voleur» « félon. » — Des circonstances explicatives sont requises pour rendre actionnables les mots : « parjure » « suborneur » « contrefacteur » « falsificateur. » — L'action n'a pas été admise pour avoir dit : « c'est un associé d'égorgeurs » « un buveur de sang » « l'horreur de la société » « ses enfants naîtront pour le maudire, » etc.

Sous le point de vue de légalité , l'évidence résulte de la démonstration ; dès-lors il est insignifiant que les termes soient ou équivoques , ou innocents en apparence , pourvu qu'ils ayent produit , ou qu'ils puissent produire l'offense intentionnelle qui est le motif de la plainte.

Suivant les règles adoptées, les mots tirent leurs qualités, et de leur contexture, et des circonstances concomitantes.

Le parjure criminel est une fausse déclaration faite sous serment , pardevant un magistrat , compétent pour le recevoir. L'imputation de cette sorte de parjure est actionnable , parce qu'elle peut donner lieu à des poursuites judiciaires , et à des peines proportionnées à l'importance du parjure.—Dire : « B., accusé de parjure, a trouvé le moyen d'arrêter les poursuites » est cause à action , parce que les poursuites commencées démontrent que le parjure était criminel. — Avoir dit: « Il s'est parjuré à Witchurchcourt » ne fut pas jugé actionnable , parce que cette cour n'avait pas le pouvoir d'imposer le serment légal.

L'interprétation injurieuse du mot « voler » a été l'objet de discussions souvent réitérées. —La différence entre bois sur pied , ou abattu ; entre fruits sur arbre, ou cueillis ; entre blé en champ, ou en gerbe ; donne au vol un caractère qui s'imprime à l'imputation , et détermine sa qualité nuisible. — Celui qui prend les copeaux laissés sur place par le bucheron , ou les broussailles dans une forêt, ou le genêt dans une lande , est dans toute la rigueur du mot un voleur ; mais le délit qu'il commet n'est pas un crime. Or, il doit exister une distinction dans l'imputation des différentes sortes de vol, et la gravité ne peut s'en établir que par les circonstances correlatives. — « Tu m'as volé un acre de terre » est l'imputation d'un fait matériellement impossible, ou d'une spoliation faite par les voies·

civiles : dans l'un ou l'autre cas, il n'y a pas cause à action.

Il était dit : « Tu es un rogneur de monnaie, et tu seras pendu pour cela. » La cour jugea qu'il ne pouvait être entendu rogneur d'habits, à cause de l'induction, *tu seras pendu*, qui implique l'altération des monnaies.

Dans une cause, les mots étaient : « Je suis convaincu que tu es coupable de la mort de Dolly, et s'il est besoin d'un bourreau pour te pendre, je le serai. » Lord Mansfield, en prononçant le jugement, observa : « On objecte
» que plusieurs moyens innocents peuvent cau-
» ser la mort d'un homme, et qu'il est possible
» que l'un de ces moyens ait été entendu comme
» ayant causé la mort de Dolly. Quoi ! lorsqu'un
» homme en accuse un autre d'être *coupable* de
» la mort de son semblable, le mot *coupable*,
» n'implique-t-il pas l'imputation la plus positive
» d'un acte détestable ? Dire que A. est la cause
» de la mort de B., serait totalement différent ;
» avec la meilleure volonté d'être secourable,
» un médecin peut causer la mort d'un malade ;
» mais ici le mot *coupable*, sous-entend une
» intention méchante qui ne peut être appliquée
» qu'à une action généralement reconnue pour
» un crime. D'ailleurs, le défendeur n'en est
» pas resté là ; afin de rendre son intention plus

4

» claire, il ajoute que s'il manque un bourreau,
» il en servira : Ces mots expliquent intelligible-
» ment quelle espèce de mort il concevait avoir
» été celle de Dolly , et il est impossible de ne
» pas reconnaître que l'imputation d'assassinat
» est renfermée dans ses expressions. »

On est indécis sur la manière de considérer les mots dont le but est d'insinuer un déréglement d'actions, susceptible d'encourir des peines flétrissantes. L'action a été admise pour avoir dit : « Si tu avais ce que tu mérites, tu serais pendu, » et pour avoir dit, « il a mérité d'être attaché au pilori. » On a trouvé dans ces mots l'intention d'imputer une offense d'une nature criminelle. — Pour ces mots : « Tu as fait ce qu'il fallait pour être pendu, et « si tu avais ce que tu mérites , tu serais au pilori. » L'action a été rejetée , parce que l'imputation n'était pas assez positive. Cependant, comme l'intention avouée des cours de justice est de réparer le tort par une protection légale, et nullement d'encourager des poursuites dont un langage inconsidéré n'est que le prétexte ; il n'est pas douteux que les mots doivent exprimer l'intention d'imputer positivement une offense d'une nature criminelle.

Pour les imputations injurieuses faites dans

une langue étrangère , ou dans un dialecte particulier à une province , la seule question à résoudre est si ce langage était compris par les auditeurs : dans ce cas le mal serait effectué , et la
réparation doit en être la conséquence. Le témoignage des auditeurs sur l'acception des mots ,
judicieusement établie , et sur le sens dont leur
entendement a été frappé, sont les points à consulter , pour ensuite appliquer à ces mots les règles établies.

Comme des mots douteux ou insignifiants en
apparence peuvent, par des circonstances particulières, être un juste motif à action ; de même
des mots considérés isolément comme actionnables , peuvent, par la description du sujet qui les
a fait proférer , être totalement exempts de
blâme. Par exemple, s'il était dit : « Tu es un
meurtrier , » et qu'il résultât du témoignage des
auditeurs , que le sujet de la conversation était
la manière plus ou moins cruelle de tuer des
lièvres , alors il est hors de doute qu'il n'y aurait
nulle cause à poursuites.

Afin de suivre et de punir les intentions du
diffamateur , il est arrivé que le sens des mots
vulgairement usités , a été considéré sans égard
pour la stricte acception grammaticale ; comme
aussi les cours de justice se sont prêtées quel-

quefois à des réticences qui·, sans blesser la conscience , s'accommodaient à l'intention des parties ; mais on conçoit qu'ici il n'est plus question de règles.

Il était dit : « Brittridge est un vieux coquin qui s'est parjuré , et la preuve en est dans la borne qui sépare les terres de M. Martin et de M. Wright. » On argua , avec succès, que les premiers mots étaient en effet actionnables , mais que les suivants détruisaient le sens offensant , en détournant l'intention d'imputer un parjure criminel. Dans ce cas particulier , il y avait cause à prouver que l'intention positive était d'imputer un parjure commis devant une cour de justice , au sujet d'une démarcation de propriété où Brittridge influa par son témoignage ; mais la crainte de donner l'éveil sur cette action , empêcha Brittridge de provoquer une explication plus précise , et il fut débouté.

Sir Edward Coke dit : « Dans le cas de diffamation par le moyen des mots , le sens doit en être considéré avec précaution ; et le sens résulte de l'occasion qui les a fait proférer. *Sensus verborum ex causâ dicendi accipiendus est.* »

Il dit ailleurs. « Que Dieu nous garde que les paroles d'un homme , prises dans la stricte acception grammaticale , soient morcelées pour y trouver un sens opposé à l'intention qui les a fait proférer : l'arrangement de tous les mots réunis, et l'examen des causes qui les ont produits, manifestent le véritable sens qui doit leur être attribué. » Des règles aussi sages et aussi précises, rendent superflue toute explication ultérieure.

Dans les premiers temps, des difficultés s'élevèrent sur la manière d'interpréter la nature d'un crime, à l'effet d'établir la gravité de l'imputation.

Les décisions ont depuis classé le crime sous quatre points de vue ; le projet, l'instigation, l'attentat, la perpétration.

Le projet.—La maxime ancienne, *voluntas reputabatur pro facto*, est sans autorité ; l'intention seule n'est pas punissable généralement ; il faut qu'il y ait action. « Il est aux aguets pour me » tuer, » est actionnable, parce qu'il y a une préparation à l'acte, qui peut être prouvée et encourir des peines. « Tu voulais me tuer. » « Tu » m'as attendu pour me tuer, » n'indique pas un acte criminel légalement répréhensible.

L'instigation. — Il était dit : « Margaret Passie a envoyé une lettre à mon maître pour l'engager à empoisonner sa femme » l'action fut admise.— « Tu as placé des hommes pour me tuer. » Le juge Wyld admit l'action, parce que l'offense imputée était sujette à poursuites. — « L. aurait

volé la maison de J. G., si J. D. y avait consenti. » Il entraîna J. D., et lui dit qu'il allait
le conduire là où il trouverait beaucoup d'argent. » L'action fut admise. — « B. soudoya W.
pour me tuer, » est actionnable, ainsi que pour
dire : « Vous avez porté ce jeune homme à se
parjurer. »

L'Attentat. — Dans une cause où il était dit :
« c'est J. et D. qui font des tentatives pour voler
la maison de C. » Le juge Vaughan dit : « Aller
» avec l'intention de tuer un homme, n'est pas
» cause à poursuites ; mais se placer en embus-
» cade avec cette intention, est une partie de
» l'acte criminel. »

L'application à la personne du plaignant
d'une imputation injurieuse, se conçoit de la
réunion de toutes les circonstances susceptibles
d'indiquer que l'intention du défendeur était de
diriger ses expressions de manière à faire connaître aux auditeurs qu'il entendait parler d'un
acte commis par le plaignant.

« Je sais ce que je suis, et je sais ce que tu
es ; mais, certes, je n'ai jamais commis une
telle offense » mentionnant un acte criminel. Ces
mots sont actionnables, si les auditeurs ont conçu
qu'ils étaient une imputation dirigée indirectement contre le plaignant.

Lorsqu'une imputation n'affecte qu'un seul, entre plusieurs, il a été maintenu autrefois qu'elle n'était pas actionnable, comme de dire à trois hommes : « Un de vous s'est parjuré criminellement. » — Depuis il a été décidé que pour ces mots, « A. ou B. a assassiné C. ; » l'un ou l'autre était fondé à poursuivre.

Si A. dit à B. lorsque C et F les précèdent : » *Celui* qui marche devant nous est criminellement parjure. » L'action est admissible.

Si par la plainte il appert qu'il peut avoir été conçu qu'un acte d'une nature criminelle était attribué au plaignant ; comme c'est là le point de fait, la déclaration du jury en sa faveur détermine que l'imputation était repréhensible, et qu'il y a lieu à réparation.

Le plaignant était receveur (*receiver*) au nom du roi dans une cour de chancellerie. Le défendeur, parlant de lui, dit : » M. Deceiver (trom- » peur) a trompé (*deceived*) le roi. » La cour jugea que le mot *deceiver* était une allusion ironique au mot *receiver*, et un sobriquet appliqué à la qualification de son emploi. Le juge ajouta : » Si des subterfuges aussi misérables étaient ad- » mis, il serait trop facile de diffamer avec im- » punité. »

Dans le cas de Anson contre Stuart, le plaignant était ainsi dépeint dans un libelle jugé actionnable. « Cet homme abominable comme Polyphême le mangeur d'hommes, n'a qu'un œil, et est parfaitement connu de ceux à qui le nom du célèbre navigateur (Anson) n'est pas étranger. »

De tous ces exemples on peut considérer comme règle générale que *l'application des termes de l'imputation, à la personne du plaignant, est un point de fait à décider par le jury d'après la réunion de toutes les circonstances qui y sont relatives.*

CHAPITRE III.

IMPUTATION DE MALADIE CONTAGIEUSE.

L'homme est une créature formée pour la société ; il a continuellement besoin de secours, d'avis, de consolation. Le droit que la réciprocité lui donne à l'assistance de ses semblables, est un bien que l'on ne peut lui ravir sans commettre un tort, pour la réparation duquel il est autorisé à invoquer les lois.

Attribuer à quelqu'un une maladie contagieuse, c'est écarter la main bienveillante prête à le soulager, c'est lui nuire, c'est commettre un tort.

Le dommage causé par l'imputation d'une maladie contagieuse est susceptible d'être estimé, par la seule probabilité du préjudice ; mais les cas de poursuites pour cette cause sont rares. A peine en trouve-t-on quelques-uns dans les recueils.

Les poursuites, sans preuve de dommage spécial, paraissent se borner à l'imputation de lèpre et de maladie vénérienne ; car l'action fut rejetée dans un cas où un homme avait été appelé « galeux » : or la lèpre est une maladie à peine connue maintenant ; et quant à la maladie vénérienne , peut-être serait-il plus facile et plus certain de produire les preuves du dommage , en montrant la rupture d'un mariage avantageux , que de s'étayer des règles pour obtenir la réparation d'une injure dont il est répugnant d'apprécier tous les effets.

Il faut cependant reconnaître comme règle , que l'imputation d'une maladie contagieuse est actionnable , sans preuve de dommage spécial , et que l'intention de l'attribuer se découvre dans les différentes dénominations données à la maladie , dans l'énonciation des symptômes , de la manière dont elle a été communiquée , du traitement , de la guérison , des suites , enfin dans toutes les allusions propres à insinuer l'imputation.

CHAPITRE IV.

IMPUTATION NUISIBLE A LA PROFESSION.

Après les imputations dont l'effet est d'enlever à l'homme la vie ou la liberté, ou d'éloigner de lui les secours de ses semblables, on peut classer celles qui tendent à lui nuire dans les moyens d'exercer son intelligence ou son industrie. Dénombrer les différentes décisions sur cet objet deviendrait trop fastidieux, et les concilier serait impossible : néanmoins à travers cette diffusion on découvre une règle générale, simple et d'une application facile ; c'est que *les mots sont actionnables, sans preuve de dommage spécial, lorsqu'ils tendent directement à nuire à quelqu'un dans son emploi, dans sa profession ou dans ses affaires.*

Les observations sur ces sortes de cas peuvent se classer ainsi, 1° le motif à action ; 2° l'étendue de l'action ; 3° le dégré d'affirmation et de précision nécessaire pour rendre les mots actionnables.

Les mots qui peuvent nuire à une personne dans son emploi, sont généralement actionnables, avec cette différence que, relativement à un emploi lucratif, tout ce qui tend à altérer l'opinion d'intégrité ou de capacité est considéré sous le point de vue d'intérêt pécuniaire ; tandis que, relativement à un emploi confidentiel ou honoraire, le motif d'action est la perte présumable de la confiance ou de la dignité. Ainsi l'imputation injurieuse dirigée contre un juge de paix, un avocat ou un médecin, a été fréquemment un motif à action, quoique les fonctions du premier fussent seulement de confiance, et quoique les vacations des autres soient estimées légalement comme la récompense d'un service officieux.

A l'égard d'un emploi de confiance, il a été fait une singulière distinction entre les mots attribuant le défaut de capacité, et ceux attribuant le défaut d'intégrité. On reconnaissait que l'imputation de corruption, d'intentions condamnables, ou de principes vicieux, était une juste cause à action, mais qu'il n'y avait nul sujet de poursuites dans l'imputation d'impéritie. Les motifs qui appuient cette opinion sont remarquables, et nous les donnerons tels qu'ils ont été exprimés par le premier juge Holt. « Il est » reconnu qu'appeler un juge de paix : « Tête « à perruque, » « âne, » ou autres mots équiva- » lents » n'est pas un acte diffamatoire sujet à

» poursuites , comme s'il avait été porté atteinte
» à son intégrité. Ce n'est pas la faute de ce
» juge de paix s'il est un sot , car il ne peut
» être que ce que l'a fait le créateur ; mais si on
» lui attribuait les principes vicieux qu'il n'a pas,
» alors il y aurait réellement cause à action ,
» parce qu'il dépend de lui d'être honnête hom-
» me , et non d'être habile. Si une personne
» est accusée d'incapacité dans l'exercice d'un
» emploi lucratif, il doit lui être alloué répara-
» tion ; mais pour un emploi honorifique, l'in-
» fidélité dans les fonctions est le seul point où
» l'injure soit répréhensible ».

Le premier juge Grey , en prononçant le jugement dans une autre cause, s'élève ainsi contre
cette décision : » Il a été objecté qu'une impu-
» tation dirigée contre un magistrat n'était pas
» actionnable, à moins qu'elle n'impliquât une
» infraction à ses devoirs : je ne puis sanc-
» tionner cette doctrine par mon adhésion. »

Le fondement de la distinction établie par le
premier juge Holt, est la supposition que l'imputation exprime la vérité, et alors on serait
admis à en justifier dans la procédure ; mais la
question n'est pas si un homme peut changer la
nature de ses facultés intellectuelles ; il s'agit de
décider s'il est permis de publier qu'un homme
n'a pas les qualités estimées nécessaires dans l'em-

ploi qu'il occupe. Puisqu'il est admis en principe qu'un magistrat peut obtenir réparation pour une injure tendante à lui nuire dans la conservation de son emploi, la conséquence de ce principe est que toute injure susceptible des mêmes effets soit également répréhensible : Si l'imputation d'ignorance a le même effet que celle de corruption ; si l'intention de l'auteur, la fausseté de l'accusation, et les résultats probables, sont exactement les mêmes, pourquoi l'une serait-elle sujette à des poursuites dont l'autre serait exempte ?

L'opinion du juge Holt reposait sur un *précédent*, où, pour avoir dit : « c'est un âne » « un juge inepte » on avait rejeté l'action : dans ce cas, les juges s'étaient étayés de l'une de ces décisions *in mitiori sensu* qui depuis long-temps ne font plus autorité.

Maintenant la règle est ainsi établie : *lorsqu'une imputation est injurieuse au caractère officiel d'un homme public, l'effet possible étant la perte de son emploi ; il y a cause à action, sans preuve de dommage spécial.*

Il était dit : « c'*était* un homme débauché, et incapable d'être magistrat. » L'action ne fut pas admise parceque les mots exprimaient un temps passé ; mais le juge Twisden déclara « qu'il en serait autrement s'il avait été dit « c'*est* un homme débauché, etc. »

On prétendit qu'une action serait fondée pour ces mots « Lorsque tu étais magistrat, tu étais un magistrat corrompu, » parceque l'imputation, quoiqu'exprimant un temps passé, fixait dans l'esprit une défaveur dont les effets étaient toujours présents. Toutefois cette opinion n'a pas fait règle, à cause des inconvénients qui résulteraient de l'extension de ce principe, si on l'appliquait à tous les cas où le défaut d'intégrité, exprimé d'une manière générale, donnerait cause à poursuites, sous prétexte que l'imputation est un obstacle à l'obtention d'un emploi.

Le premier juge Grey dit : « Je ne connais » pas de cas où une action pour des mots ait été » fondée sur un dommage éventuel dans une si- » tuation non encore connue, Je crois que le » juge Williams allait trop loin en disant : » In- » sinuer qu'un homme se livrait à la corruption » dans un emploi de confiance, c'est répandre » un scandale capable d'empêcher l'admission » de cet homme dans de nouveaux emplois. »

Pour qu'il y ait droit à action, dans les cas où des imputations injurieuses ont été dirigées contre un homme de loi ou un médecin, il faut préalablement qu'il soit certain qu'il exerçait sa profession lorsque la diffamation a été publiée ; parcequ'autrement il serait entendu que l'injure n'a pu être nuisible à ses intérêts. Ces professions étant considérées comme officieuses, puisque les honoraires n'en peuvent être réclamés devant la loi, sous le titre de salaire, on a long-temps douté si une imputation tendant à en troubler l'exercice, était un tortt emporel qui dût, légalement, s'évaluer en argent : maintenant ces doutes sont levés, et la règle citée leur est applicable.

Sur l'étendue de l'action. — Tout emploi de confiance où de lucre, d'une nature temporelle, est dans les limites du droit à action, sans preuve de dommage spécial, s'il est présumable que le possesseur est, ou peut être troublé dans l'exercice de ses fonctions ou de sa profession par l'effet d'une imputation injurieuse.

Il était dit d'un membre du parlement : « Quant à engager nos députés à réclamer, je suis entièrement contre ce dessein. S'adresser à M. Onslow! autant vaudrait parler aux vents, et nous promît-il son assistance, je ne croirais pas encore qu'il nous la donnât. » — Après la déclaration du jury en faveur du plaignant, le jugement fut arrêté, et le premier juge Grey observa : « Les mots n'accusent le plaignant d'aucune in- » fraction à son devoir ou à ses serments, ni » d'avoir commis un crime ou faute grave, sus- » ceptible de lui faire éprouver une perte tem- » porelle dans sa fortune ou dans son emploi. »

Les fonctions ecclésiastiques ont une partie temporelle qui donne droit à action devant une cour temporelle.

Les mots nuisibles à une personne dans la profession qu'elle exerce légitimement, comme moyen alimentaire, donnent droit à poursuites sans preuve de dommage.

Accuser une sage-femme d'ignorance dans sa profession, a été jugé actionnable.

Dans des observations concernant un marchand ou un artisan, sur sa probité en affaires, sur sa solvabilité, et même sur la qualité des objets qu'il vend, il peut y avoir cause à poursuites.

Il était dit : « Tu as reçu l'argent destiné à acheter des selles neuves pour la cavalerie, et tu as trompé le roi en en achetant de vieilles. » Tout en admettant l'action, on jugea indifférent que l'emploi dépendît du roi ou de tout autre; mais on considéra seulement s'il était possible que l'imputation fît perdre au plaignant cet emploi et son crédit.

Il était dit d'un facteur de la poste : « Il a décacheté les lettres, et pris les traites qu'elles contenaient. » — Après le jugement on argua d'erreur en alléguant l'extension qui serait donnée aux poursuites pour diffamation, si elles étaient encouragées lorsqu'elles concernent d'aussi minces emplois. Le juge Hale opina que, « eu égard à la qualité de l'emploi seulement, » le jugement devait être révisé, parce qu'en » maintenant l'action dans un tel cas, bientôt » on aurait à craindre des procédures, pour avoir » parlé d'une manière inconvenante de son cui- » sinier ou de son palfrenier ». — Malgré cette décision, quelqu'humble que soit l'emploi ou la profession, le droit à action est admis par la loi, comme il l'est par la raison, et depuis long-temps il est clairement établi qu'il y *a cause à poursuites pour imputations malicieuses, nuisibles à la réputation d'un individu en état de domesticité.*

Dans le cas de Seaman contre Bigg, il fut maintenu qu'il y avait cause à action, pour avoir dit à un domestique : « Tu es un fripon, tu as » trompé ton maître d'un boisseau d'orge. » — A ce sujet, la cour dit : « Quoiqu'il soit vrai que » l'action n'est pas admissible pour avoir appelé » quelqu'un fripon d'une manière générale, si » l'injure est adressée à un domestique ou à un » comptable, dont l'existence repose sur la » confiance en sa fidélité, et si, par une telle » injure, il peut perdre cette confiance, qui est » son unique bien, il existe une forte raison » pour qu'il ait droit à réparation pour la perte » de sa seule ressource industrielle. »

Un agioteur ou un courtier exerçant illégalement, ne sont pas reconnus comme commerçants, et ne peuvent avoir droit à poursuivre pour des imputations relatives à un genre d'industrie qui n'est pas autorisé.

Il ne paraît pas nécessaire que la partie injuriée ait pour seul moyen d'existence l'industrie à laquelle l'imputation injurieuse est appliquée ; il suffit qu'elle l'exerce passagèrement et qu'elle obtienne des émoluments.

Toutefois la règle ne s'étend pas jusqu'à présumer nuisibles des mots qui n'ont rapport qu'à des situations accidentelles ; ainsi déprécier la valeur d'un cheval ou d'un meuble dont le propriétaire veut se défaire, ne serait pas actionnable, à moins qu'il n'en résultât un dommage spécial qui pût être prouvé.

Sur le dégré d'affirmation et de précision.— La seule question, ressortant de ce point, est celle-ci : les mots ont-ils été, dans un dégré quelconque, préjudiciables au plaignant dans son emploi ou dans sa profession ? Sur l'affirmative, l'évaluation du dommage n'est plus qu'une conséquence à induire du fait.

Les mots doivent être relatifs au plaignant, sous les rapports d'intégrité, de talent, de ponctualité, de solvabilité, ou dans la nature des objets qu'il vend.

Imputer le défaut d'intégrité à un fonction-naire public ,. est actionnable , comme de dire d'un juge : « Le jugement qu'il vient de rendre était acheté. » — D'un juge de paix : « J'ai souvent été vers lui pour obtenir justice, et je n'y ai trouvé qu'injustice » — ou : « Il protège la félonie. »

Lorsqu'une personne exerce des fonctions élevées, une imputation répandant le doute sur son intégrité d'une manière générale, est action-nable , lors même qu'elle n'aurait aucun rapport direct avec ses fonctions. La confiance étant une des attributions inhérentes à l'emploi, c'est la détruire virtuellement que de charger d'imper-perfections odieuses celui qui l'occupe ; c'est enlever aux fonctions ce caractère respectable qui constitue leur puissance morale.

Dire d'un évêque, qu'il est un méchant homme, est actionnable.

Il était dit d'un juge de paix : « C'est un jaco-bite, qui voudrait ramener le prince de Galles, et rétablir la puissance du pape. » Quoiqu'il ne parût pas que ces mots s'appliquassent aux fonc-tions , on considéra qu'une imputation sem-blable, si elle était vraie, lui ferait perdre son emploi.

Il était dit d'un juge de paix : « C'est à son instigation que E. B. a tenté de me tuer à coups d'épée. » — Quoique l'action n'eût aucun rapport avec les fonctions, on jugea qu'une conduite comme celle imputée, serait opposée aux sentiments qui doivent distinguer le magistrat.

Il fut dit à un employé d'un greffe de justice assermenté : « Vous êtes bien connu pour être un homme corrompu. » — En prononçant le jugement, le juge allégua : « *Quod sermo relatus* » *ad personam, intelligi debet de conditione* » *personæ.* »

Il était dit d'un avoué : « C'est un promoteur de dissensions. » — Après la déclaration du jury, favorable au plaignant, il fut argué que les mots avaient un sens général qui pouvait s'appliquer à tout individu, indépendamment de sa profession ; mais la cour maintint que c'était diffamer un avoué, que de le présenter au public comme suscitant des différends, et que les mots injurieux devaient dans ce cas être entendus, *secundum conditionem personarum.*

On dit à un avoué : « Tu es un misérable rempli de duplicité ; tu as gagné ce que tu possèdes en faisant des dupes, et tu m'as trompé dans toutes mes relations avec toi, » Ces mots furent jugés avoir rapport à la profession.

Il était dit : « Je suis pourvu d'un jugement pour faire régler les frais qui me sont comptés par Philipps, mon avoué ; je le traduirai, et je le ferai rayer du tableau. — Le lord Kennyon décida : « Que les mots n'étaient pas actionnables, mais qu'ils l'auraient été, si le défendeur avait dit : » Il mérite d'être rayé du tableau ; » référer à la justice pour que le châtiment soit infligé, n'est pas dire qu'il est mérité. » — On doute que cette décision puisse faire autorité, en ce que le sens virtuel exprime une imputation de surcharge coupable, qui méritait la radiation du tableau.

Les mots imputant le défaut de probité à un marchand, ne sont pas actionnables, à moins qu'ils ne s'appliquent à ses opérations commerciales ; ainsi, dire d'une manière générale : « Il ne s'est enrichi qu'en dupant, « n'est pas actionnable, comme si l'on disait : « Ses livres sont faux, » parce que dans ce dernier cas l'application est évidente.

Pour rendre actionnables les mots exprimant une imputation générale de défaut de probité ou d'intégrité, il faut qu'une rectitude austère dans les transactions soit l'attribut caractéristique de la profession.

L'action ne fut pas admise pour avoir dit d'un menuisier : « C'est un coquin qui a reçu le prix de quarante jours de travail pour ce qui aurait pu être fait en dix ».

La distinction est ainsi clairement établie.

Lorsqu'une grande confiance doit être abandonnée à un homme, comme avoué, intendant, etc., les expressions tendantes à la détruire sont actionnables ; mais il en est autrement, lorsque la confiance n'est pas de nécessité implicite. On ne peut exiger de la probité d'un détaillant, qu'il vende ses marchandises à leur valeur réelle, en se contentant d'un profit déterminé, et on ne peut non plus prétendre que l'ouvrier fixera volontairement un juste prix à son labeur : aussi les réglements judiciaires exigent - ils plus de précision dans l'imputation, lorsqu'elle s'applique à une profession qui ne commande pas la confiance par l'intégrité attributive. Si la profession existe dans l'exercice de facultés intellectuelles perfectionnées par l'instruction, et soutenues par la rectitude des principes, accuser d'incapacité ou de défaut d'intégrité d'une manière générale, c'est nuire à l'homme dans tout ce qui constitue le fondement de ses espérances légitimes ; c'est retirer de lui cette prédisposition favorable attachée au caractère distinctif de la corporation ou de la classe dont il fait partie : tandis que pour nuire aussi effectivement à un individu dans sa profession, ou mécanique ou mercantile, il est sensible que l'injure doit être évidemment applicable à cette partie de la profession d'où les avantages sont dérivés.

Dire d'un homme de loi qu'il est un *sot (dunce)*, est actionnable, parce que l'épithète implique l'idée d'incapacité dans sa profession.

Dire d'un médecin qu'il est *ignorant*, est actionnable, parce que l'instruction est indispensable dans l'exercice de la médecine.

Dire d'un domestique qu'il est *paresseux, nonchalant, impertinent*, est actionnable, lors même que ces mots sont exprimés d'une manière générale, parce que leur effet probable est d'empêcher la personne de qui il est parlé, de se procurer l'existence par ses services; les qualités opposées aux défauts imputés, étant particulièrement requises dans l'état de domesticité (1).

L'objet de la justice est de réparer le tort, et pour y parvenir à travers tous les moyens employés pour obscurcir la vérité, des règles sont établies sur ce principe d'ordre social «*ne nuire à personne* ». Examiner si ces règles sont en harmonie avec le principe, est le seul point à considérer en traitant de la théorie du *dommage présumable*; mais, en s'attachant à ce point, il faut quelquefois se rappeler qu'il n'est

____

(1) Voyez le Chapitre sur *la Justification des motifs d'utilité publique.*

ici question qne des cas où l'action peut être admise *sans preuve de perte spécifique*, et qu'avoir obtenu le droit de poursuivre, n'est pas encore avoir pénétré le jury du tort et de ses effets, de l'intention coupable, de la nécessité de la réparation, et de l'obligation d'allouer des dommages au-dessus de la plus faible pièce de monnaie.

Dans les cas précités, l'action a été admise par respect pour le principe, et probablement cette doctrine continuera de prévaloir; cependant on a remarqué que l'issue des poursuites n'était pas favorable au plaignant, à moins qu'elles ne fussent fondées sur une imputation faite à dessein de nuire, et qui caractérisât explicitement un défaut essentiel d'intelligence, d'adresse ou d'activité dans l'exercice de la profession.

L'action fut admise avec succès, pour avoir dit d'un apothicaire : « Il a à répondre pour une mer de sang répandue par lui dans cette ville ; son ignorance a tué une femme et deux enfants à Southampton ; avec ses drogues pernicieuses, il a tué J. P. à Petersfield ».

Il y eut aussi action pour avoir dit d'une sage-femme : « Plusieurs femmes ont péri par son défaut d'adresse ».

Il était dit d'un horloger : « C'est un maladroit, il ne s'entend pas à faire une bonne pièce d'ou-

vrage ». La cour refusa de sanctionner la déclaration du jury, sur ce que le sens littéral des
mots n'exprimait pas qu'il était incapable de
faire une bonne montre. Aujourd'hui, dans une
semblable cause, la décision serait sans doute
différente. Les termes auraient dû être considérés comme techniques, c'est-à-dire, d'après
le sens adopté dans la profession. Les débats
prouvèrent qu'il était question d'une pièce d'ouvrage du métier d'horloger; et, d'ailleurs, l'imputation de maladresse était nuisible, par l'application qui en était faite à un homme dont la
profession exige beaucoup d'habileté.

On distingue, dans l'application des règles,
une propension particulière à réprimer sévèrement l'intempérance de langage préjudiciable au
commerçant. Toute expression impliquant l'idée
d'accuser de faillite un homme dont les affaires
ont le crédit pour soutien, est actionnable, et
il n'est pas même essentiel que le discours ait
rapport au temps présent.

Il était dit d'un négociant : « Il avait failli
lorsqu'il vint de Hambourg ». Les mots furent
jugés actionnables, parce qu'étant accusé d'avoir
fait banqueroute, *et qui semel est malus semper
præsumitur malus in eodem genere*, son crédit
devait en souffrir.

Il n'est pas nécessaire, dans l'imputation de

banqueroute, qu'il y ait indication positive des particularités y relatives. Dire d'une manière générale : « Il a fait faillite », est actionnable, parce que c'est le mot employé communément pour exprimer celui de banqueroute. La règle s'étend plus loin : le mot *banqueroute*, appliqué à un artisan, est actionnable, quoique sa profession ne soit pas fondée absolument sur le crédit : comme de dire d'un teinturier, « ce misérable banqueroutier ! »

L'injure est dans toute espèce de mots qui, dans l'acception ordinaire, expliquent la perte du crédit ; comme de dire à un tailleur : « J'ai appris que vous étiez disparu ! » En général, les observations faites dans les précédents chapitres sur les différents moyens de communiquer une idée injurieuse, peuvent s'appliquer aux cas où l'intention est de porter préjudice au crédit d'un homme dont les affaires commerciales sont la profession.

L'action a été admise pour ces diverses manières de décrier. — d'un agent de change : « Ses affaires sont en mauvais état, » (*Lame-Duck.*) — A un marchand : « Vous êtes un gredin ; vous avez liquidé vos dettes en faisant perdre soixante-quinze pour cent. » — « Je n'ai pas bonne opinion de Daniel Vivian : plusieurs négociants ont failli, et je n'attends pas autre chose de lui. » —D'un prêteur sur gages : « C'est un misérable qui a fait faillite. » — A une marchande de modes : « Je ne donnerais pas un liard de votre solvabilité. » —« Deux teinturiers se sont soustraits à leurs créanciers ; et par ce que je connais de Barrison, il en fera autant avant un an. » — D'un tapissier : Vous êtes soldat ; je vous ai vu en habit rouge faisant votre service : on ne doit pas avoir confiance en vous » (1). — D'un menuisier : Il s'est soustrait à ses créanciers et il ne reviendra plus. » On objecta que même ayant failli, il pouvait exercer son métier ; mais la cour observa que le crédit étant le soutien du travail, perdre l'un, diminuait la valeur de l'autre. — D'un fermier : « Il doit plus qu'il n'a, et il s'est évadé. » Il fut argué inutilement que le plaignant avait une autre profession de laquelle il vivait.

Les mots sont actionnables lorsqu'ils jettent le discrédit sur les objets que la partie fabrique ou vend ; comme dans ces différents cas. — D'un marchand : « Il n'a *que* des marchandises gâtées dans sa boutique. » Il n'y aurait pas eu cause, s'il avait été dit seulement : « Il y *a* des mar-

____

(1) Anciennement les débiteurs insolvables se garantissaient des poursuites de leurs créanciers par un enrôlement simulé.

chandises, etc. Le préjudice se trouve dans le mot « *que.* » — D'un libraire : « Il a publié un poème extravagant. » Les débats du procès montrèrent que l'intention avait été de nuire par de fausses imputations » (1). — D'un aubergiste : « Ne traitez pas avec Southam, parce qu'il a fait faillite, et qu'on ne trouve chez lui aucune commodité, ni pour les hommes, ni pour les chevaux. » — Pour avoir publié un rapport *faux* et *méchant* d'une représentation théâtrale.

L'éditeur du journal l'*Oracle* publia l'avis suivant, relatif à un autre journal, *The True Briton:* « Dans une feuille d'hier, on a ainsi caractérisé *the true briton.* » C'est le plus vulgaire, le plus insipide, et le plus impertinent journal qui ait jamais été publié en Angleterre; « nous applaudissons à cette assertion, et nous ajoutons que les premiers propriétaires l'ayant abandonné, il est devenu le journal le moins en circulation. Nous soumettons ce fait à la considération des personnes qui y font insérer des avertissements. » — Lord Kennyon prononça que, « les derniers mots, affectant le vente du journal, et le profit qui résulte de l'insertion des avertissements, étaient actionnables. »

____

(1) Voyez la cause de Tabart, page 176.

Il était dit d'une femme qui enseignait à danser aux jeunes demoiselles, « qu'elle était hermaphrodite. » L'action fut rejetée sur ce qu'il
n'était pas nuisible à sa profession qu'elle fût
hermaphrodite, puisque très-communément ce
sont des hommes qui enseignent à danser aux
jeunes demoiselles.

CHAPITRE V.

IMPUTATION PRÉJUDICIABLE AU DROIT DE POSSESSION
OU D'HÉRÉDITÉ.

Dans ce chapitre se trouvent classées les expressions qui peuvent détruire des espérances de succession fondées sur un droit naturel, ou infirmer la validité d'un titre déjà acquis.

Rarement des dommages ont été alloués dans des cas où de simples espérances motivaient la plainte ; et c'était seulement lorsque l'imputation attaquait la légitimité de naissance de l'héritier présomptif.

Il était dit : « Tu es un bâtard. » La cour motiva son jugement, favorable à la plainte, sur ce qu'une telle imputation pouvait nuire au plaignant dans l'esprit de son père et de son oncle, dont il était l'héritier ; et sur ce que la perte des espérances, fondées sur un droit direct, suffisait pour donner droit à des poursuites en réparation.

Dans une cause pour la même imputation, le plaignant, étant le plus jeune de plusieurs frères, avait l'espérance d'hériter d'une portion des

biens de son grand père après la mort de son père. Quelqu'un lui ayant offert certaine somme pour son droit éventuel, rompit le marché en raison du préjudice qui pouvait résulter de l'imputation. Après le jugement en faveur du plaignant, il fut argué, en appel, que le défaut de titre actuel et immédiat à l'héritage, annullait l'action ; mais la cour maintint « qu'il existait un droit éven-
» tuel dont la valeur se trouvait dans l'offre d'une
» somme, pour prix de la cession ; qu'un dom-
» mage effectif avait été l'effet de l'imputation
» en causant la rupture du marché ; et qu'en
» outre de ce préjudice actuel on en distinguait
» un autre, peut-être plus grave, dans l'impres-
» sion défavorable que l'imputation pouvait pro-
» duire sur l'esprit des ascendants, à la disposi-
» tion desquels se trouvait présentement la suc-
» cession. »

Dans une cause, la cour prononça « que les
» réglements autorisaient l'action pour la simple
» possibilité du dommage ; comme d'appeler
» « bâtard » un héritier présomptif. »

Dans une autre cause, la cour s'exprima ainsi : « L'injure renfermée dans le mot « bâtard »
» ressortit d'une cour spirituelle ; mais si ce mot
» compromet des droits lignagers, il devient
» actionnable devant une cour temporelle. »

Cependant, les décisions sur ce point n'ont

pas toujours été uniformes. Le juge Vaughan pensait qu'appeler un homme « bâtard » ne compromettait pas plus le droit de succession naturelle, que de dire : « Il n'a pas droit à succéder, » et qu'ainsi il n'y avait pas cause à action.

Les mots susceptibles d'infirmer le droit actuel à la possession, ont autrefois été considérés comme actionnables sans preuve de dommage spécial ; mais il résulte d'une nombreuse suite de décisions, qu'aujourd'hui l'action ne serait pas admise, si l'évidence ne démontrait que ces mots ont nui effectivement à la vente d'une propriété ou à des dispositions quelconques, dont la légitimité du droit était la base.

Au premier coup-d'œil il peut sembler étrange qu'un droit fondé sur de simples espérances, obtienne plus d'égards qu'un droit présent, dans les cas de diffamation. Cette surprise cessera, si l'on se rappelle qu'il est question de principes établis pour rechercher les cas où le dommage ne peut être évalué que par la seule *présomption*. Après avoir constaté le tort, le point en vue est le dommage et la réparation : Or, appeler « bâtard » celui qui jouit déjà d'une propriété acquise par droit d'héritage, serait un *tort* dont le *dommage* consisterait dans les poursuites judiciaires que feraient les prétendants à l'héritage, pour expulser l'héritier présumé illégitime ; et la *réparation* s'établirait sur la preuve des frais supportés en raison de ces poursuites. Ici tout est positif , et rien n'ést laissé à la présomption ; mais si un homme est appelé « bâtard » lorsqu'il n'a qu'un droit naturel dépendant d'une volonté que des impressions morales peuvent aliéner , le *dommage* est dans la possibilité que le parent ne conçoive des sentiments d'aversion pour un rejeton dont la légitimité est suspecte , et ne le prive du droit que la parenté lui donne à ses biens ; dès-lors la *réparation* ne peut avoir d'autre règle que la conscience d'un jury , éclairée par les débats. Dans le premier cas , le mal résultant du scandale est comparativement léger et temporaire ; dans le second , il est souvent irrémédiable : Toutefois ce dernier s'offre rarement à la sollicitude de la justice, sans être accompagné de circonstances aggravantes qui effacent çe que le principe présente de singulier.

CHAPITRE VI.

IMPUTATION PROPAGÉE PAR LES SIGNES.

Certaines communications de la pensée peuvent être considérées comme sujettes à des poursuites judiciaires, sans preuve de dommage spécial, en raison du mode d'après lequel elles ont été effectuées.

Les communications préjudiciables, effectuées par des signes, sont dénommées *libelles*.

Nous examinerons les raisons et les autorités, d'après lesquelles la *distinction* entre la diffamation orale ou par écrit a été établie, et l'extension donnée à cette doctrine.

Sur les raisons et les autorités. — Suivant Bacon, « le scandale effectué par écrit, a dans tous les temps, et avec raison, été réprimé plus sévèrement que s'il eût été l'effet des paroles ; parce que l'écrit, en propageant l'offense, augmente d'autant le préjudice qui peut en résulter pour la société ou pour l'individu. Des mots proférés dans la violence de la passion, peuvent être promptement oubliés ; mais dans l'écrit, outre le caractère délibératif qui témoigne une intention calculée, on trouve le mal dans un tort qui s'accroît et se perpétue indéfiniment. »

Cette doctrine repose sur trois points ; 1° l'intention ; 2° les progrès ; 3° les inconvénients.

1° Il est certain que l'écrit témoigne une intention plus délibérée que la parole ; cependant c'est une question si le *degré* de malignité dans l'intention, constitue le vrai principe d'après lequel on doit établir la différence entre l'offense orale ou visible, pour trouver cause à action *sans preuve de dommage.* L'action se fonde sur un dommage présumé, causé par un tort supposé commis avec une intention méchante : Jusques-là le degré de méchanceté n'est pas un objet d'enquête ; c'est dans les débats qu'il doit se montrer, et sans doute alors il sera pris en considération dans l'allocation des dommages ; mais pour donner cause à action, il suffit légalement qu'il y ait tort avec apparence d'intention méchante, et que l'effet ait pu être un dommage.

2° Il est constant que le scandale circule, s'étend, pénètre, et se perpétue davantage par l'écrit que par la parole : Toutefois il semble que ce point devrait, comme le précédent, n'être pris en considération que sous le rapport de réparation ; car, lorsqu'il est question de déterminer s'il existe un tort, et si ce tort est susceptible d'être jugé par un jury, sans preuve de dommage spécial ; l'effet de la propagation étant encore éventuel , le droit à action ne devrait résulter d'aucune distinction dans le mode.

En supposant qu'une imputation injurieuse a, par le moyen de la presse , circulé cent fois plus que par le moyen de la parole , et que le dommage a suivi la même proportion ; cette différence doit sans doute disposer le jury à allouer des dommages cent fois plus élevés ; mais jusqu'au moment de la déclaration du jury sur le point de réparation , la distinction n'est point appréciable , et ne doit même pas être admise dans la question de savoir si le tort est sujet à action sans preuve de dommage spécial. Sauf la proportion déterminée par le jugement , le droit est le même dans les poursuites préalables L'objet de la loi est la réparation du dommage causé par un tort ; or , le droit de poursuites résulte du tort, et non de sa propagation , ou de toute autre distinction comparative.

Si aucun dommage n'a dû légalement résulter du tort, considéré dans ses caractères distinctifs, ce n'est pas la propagation en elle-même qui constituera un tort ; ce n'est pas non plus la qualité pénétrante du mode, ni la perpétuité de l'offense ; ainsi, les circonstances ne peuvent donc changer la nature du mal ; elles ne peuvent que l'aggraver.

On peut encore ajouter que généralement la réputation d'un individu est concentrée dans un cercle qui comprend son voisinage ou ses relations, et dans lequel l'injure verbale produit un mal qui ne peut être augmenté par aucun autre mode de publicité : si la calomnie a parcouru ce cercle, il importe peu à celui qui en est l'objet qu'elle s'étende au-delà.

Le préjudice est réellement dans la nature intrinsèque du scandale, et c'est là qu'on doit chercher préalablement la gravité du délit. Pour un homme d'honneur, il est plus affligeant d'être, par l'effet de la parole, considéré comme coupable d'un parjure criminel, ou de s'être emparé frauduleusement d'un héritage, que d'être, par l'effet d'un écrit, livré au ridicule pour cause d'une difformité naturelle, ou pour certaine bizarrerie de caractère qui n'a rien de semblable au crime ou à la bassesse.

3° Le danger qui peut résulter pour la tranquillité publique, de provocations à la vengeance entre individus, indique sans doute la nécessité de soumettre les auteurs de libelles au châtiment de la justice ; cependant ce motif ne semble pas assez puissant pour faire dériver la nature de l'offense d'une distinction entre l'injure verbale, et l'injure écrite. Celui qui mesure son ressentiment sur le plus ou le moins de publicité, ne troublera jamais l'ordre public par son exaspération.

Ce n'est pas toutefois par des arguments puisés dans la théorie que l'on peut espérer de restreindre le sens absolu de cette distinction. Consacrée par le temps, et soutenue par l'approbation des jurisconsultes les plus éclairés, elle est en elle-même une puissance de conviction dont tout raisonnement prescrit envain les limites. Les décisions fondées sur la différence entre le scandale résultant des signes ou des paroles, sont peu nombreuses ; mais, généralement la *distinction* a été reconnue et protégée par les magistrats dont l'opinion a fait autorité.

Il paraît que de temps immémorial, le libelle injurieux à la réputation d'un individu a été poursuivi par la partie publique.

Sir Edouard Coke dit: «Un libelliste commet une offense publique, et sur dénonciation, il peut être poursuivi au nom de l'autorité. »

Il semble avoir été uniformément maintenu qu'outre l'accusation (*indictment*) pour libelle, l'action était aussi admise à la poursuite de la partie injuriée.

Dans une cause où le docteur Wooton avait écrit au docteur Edwards, une lettre injurieuse,

signée par lui, et de laquelle il avait répandu des copies ; la cour, présidée par le lord Egerton, observa « qu'écrire une lettre injurieuse à quel-
» qu'un, sans autre publication, n'est pas cause
» à action civile, mais qu'étant communiquée à
» d'autres, au détriment du plaignant, l'action
» est admissible. » Il ajouta que « quoique le dé-
» fendeur eût signé sa lettre, comme elle conte-
» nait un langage scandaleux, elle devait, sous
» le point de vue de légalité, être traitée comme
» libelle. » — Ainsi, il résulte de cette décision, qui a été adoptée comme règle, que *généralement tout langage scandaleux publié par écrit, est actionnable.*

Sir Georges Raynal, allié collatéral du général Peacock, lui écrivit « que son héritier présomptif n'était pas le fils d'un Peacock, et qu'il menait une conduite horriblement dépravée. » Cette lettre fut considérée comme libelle, et Raynal, après avoir été condamné à l'amende et à l'emprisonnement, fut abandonné aux poursuites civiles de Peacock, pour le recouvrement des dommages.

Au sujet d'un libelle en forme de réponse à une pétition présentée à la chambre des communes, le premier juge Hale observa : « De telles
» expressions, si elles eussent été seulement
» proférées, auraient pu n'être pas actionnables;

» mais les avoir écrites et publiées, leur donne
» un caractère de malignité qui les rend répré-
» hensibles. »

Culpepper simula un ordre de la cour de la
chancellerie, contenant des réflexions diffamatoires sur sir J. Austin, et dessina au bas un
pilori avec ces mots « pour sir J. Austin, et les
témoins qu'il a subornés »; il fut argué en défense
qu'aucun acte infamant contre le plaignant, n'é-
tait particularisé par les mots; que si les mots
n'étaient pas actionnables, l'emblême ne l'était
pas non plus, puisqu'il ne pouvait être inféré
des faits allégués que les parties avaient été coupables de parjure. La cour admit l'action et prononça, que « pour libelle, on pouvait procéder
par *action*, comme par *accusation*. Que dire de
quelqu'un qu'il est malhonnête homme ne serait
pas actionnable, mais que le publier et l'afficher
donnait droit à poursuites. »

Dans une cause, il fut dit par le premier
juge Holt : « Pour qu'un écrit ait les caractères
» d'un libelle, il n'est pas indispensable qu'il
» contienne des expressions scandaleuses et nui-
» sibles, contre la personne qui s'y trouve dési-
» gnée. Il suffit qu'il soit insinué une opinion
» défavorable qui livre cette personne au mépris
» et au ridicule, comme de signaler un mari par
» les allusions vulgairement adoptées pour in-

» diquer les dérèglements de son épouse. »

Ultérieurement, le premier juge Hardwike dit : « La cause n'est pas pour des mots inju-
» rieux, mais pour un libelle, et les règles sont
» différentes. Tels mots, s'ils sont écrits, peu-
» vent être poursuivis, ou par action au nom de
» la partie, ou par accusation au nom du public ;
» tandis qu'étant seulement proférés, ils ne don-
» neraient pas cause à poursuites. Le tort, dans
» un libelle, ne résulte pas seulement de l'injure
» renfermée dans les expressions : il existe, avec
» tous ses dangers, dans la provocation à la vio-
» lence personnelle, qui peut troubler l'ordre
» public. »

Monsley, dans un libelle, désignait Villiers comme infecté de gale ; le premier juge Wilmot dit: «Si un homme, délibérément et méchamment,
» publie aucunes choses écrites tendantes à ren-
» dre un autre ridicule, ou à écarter de lui les
» soins et les égards de ses semblables, l'ac-
» tion est justement dirigée contre ce pertur-
» bateur. » Le juge Bathurst dit: « Je voudrais
» que cette opinion fût solennellement consa-
» crée, afin qu'il n'y eût plus de doute qu'écrire
» et publier des choses ou faits quelconques dans
» l'intention de rendre un homme odieux ou
» ridicule, mérite punition». Le juge Gould ajouta:
« Je partage l'opinion de mes collègues : il existe

» une distinction entre les paroles et le libelle :
» le libelle est doublement soumis aux pour-
» suites, c'est-à-dire, civilement et criminelle-
» ment, et pour des mots qui , s'ils étaient seu-
» lement proférés , ne seraient nullement répré-
» hensibles. Dire qu'un homme est un coquin
» ou un fripon, n'est pas sujet à action , et ces
» mots le seraient, sans aucun doute, s'ils étaient
» écrits. »

Dans une autre cause, la cour prononça « que
» tous mots , écrits et publiés , imprimant
» l'infamie, le mépris, l'affront ou le ridicule
» sur une personne , étaient actionnables sans
» preuve de dommage spécial. »

D'après de telles autorités , il n'est plus incertain que la distinction entre l'injure verbale ou
écrite, n'ait été reconnue légalement. Dans quelques cas ce point a été déterminé positivement, et
dans tous les autres , le langage des juges, quoique indirect, a exprimé la même doctrine. La
rareté des décisions expresses sur cet objet est
peut-être due à l'absence absolue du doute ; et
puisque l'approbation est clairement et fréquemment exprimée , sans être jamais contredite,
cette règle doit être reconnue comme consacrée.

Il est probable qu'anciennement il n'existait
aucune distinction entre le scandale verbal et le
scandale écrit. On ne le trouve ni dans les statuts

du *scandalum magnatum*, ni dans les plus anciennes décisions ; au contraire, il paraît qu'autrefois l'injure était poursuivie sans égard pour le mode de communication. Plus tard, la multiplicité des poursuites pour les injures verbales donna cause à ces limites tracées par les décisions des juges ; mais comme l'ignorance des temps borna les injures écrites à de rares exemples, aucunes limites ne parurent nécessaires, et le principe de répression absolue se conserva.

Cette conjecture est fortifiée par les statuts de Jacques Ier, qui bornent les frais judiciaires à la somme des dommages, lorsque ces derniers n'excèdent pas quarante shillings. Ces statuts n'étant pas applicables aux injures écrites, il est visible que l'intention a été de limiter les procédures pour injures verbales, et d'en conserver toute la rigueur à l'égard du libelle.

Sur l'extension de la doctrine. — Le libelle consiste dans le scandale communiqué, ou par écrit, ou imprimé, ou figuré, ou par toute autre espèce de signes.

Suivant lord Coke « le libelle est *in scriptis*, dans les écrits ; *sine scriptis*, dans les emblêmes. »

Le libelle écrit est dans tout mode de composition et de publication ayant pour but d'imprimer sur une personne un affront susceptible de lui enlever la considération qui est due à sa condition dans la société.

Le libelle emblématique est dans une peinture, gravure ou dessin, représentant la personne d'une manière ignominieuse ; et aussi dans tous autres signes, comme d'appliquer sur sa porte, ou ailleurs, avec désignation intelligible, une potence, un pilori, des cornes, etc., formant allusion à certaines particularités infamantes, honteuses, ou ridicules.

Il doit être entendu que tout écrit, peinture ou signe nuisible à la réputation d'un individu, en lui imputant des mauvaises actions, ou des penchants vicieux, en diminuant le respect et la considération qu'il a le droit d'espérer, et en écartant de lui les secours, les jouissances, les égards qu'il peut trouver dans la société, est actionnable sans preuve de dommage spécial.

Enfin l'action est admissible pour *toute imputation fausse et méchante relative à une personne, et effectuée par tout moyen tendant à lui nuire ou à lui être désagréable dans ses relations sociales.*

Cette règle n'est pas plus étendue que ne le requiert la justice. Aucun homme n'a le droit d'enlever à un autre le bien ou les agréments que la société offre à celui qui ne nuit à personne, et qui apporte à la communauté son contingent de dispositions bienveillantes ; s'il le fait par méchanceté, ou seulement par étourderie, ce se-

rait insulter au sens commun que de prétendre ,
que, d'après les règles de l'ordre et de la justice,
il n'est pas tenu de réparer le mal qu'il a causé.

On trouvera qu'aucun inconvénient grave ne
peut résulter de l'extension prohibitive établie par
ces réglements, si l'on observe que la seule question, maintenant en considération , est la nature
du dommage , d'après laquelle les mots sont actionnables sans preuve de perte spécifique ; mais
pour rendre complet le droit à la réparation, il
faut en outre , comme il sera expliqué plus loin ,
que l'intention de commettre le mal soit évidente. Cette condition essentielle prévient les
embarras où serait entrainé celui qui remplit un
devoir légal , ou qui agit loyalement, d'après sa
conscience, dans sa conduite envers ses semblables. La sévérité des règles ne peut être redou-
table que pour celui qui, s'abandonnant à la haine,
spéculant sur les erreurs de l'humanité , ou se
livrant à son penchant pour la satire , ne con-
sulte que le dérèglement de sa volonté , et répand le mal , sans égard pour les affections ou
les intérêts qu'il blesse.

Blackstone prétend, au sujet des emblêmes ou
peintures » qu'il est toujours nécessaire de dé-
» montrer, par le développement des inductions,
» que l'intention était de diffamer, et qu'un
» dommage en a été le résultat. » Il ajoute « qu'à

» défaut de ces lumières, il est impossible de
» décider que les emblèmes sont applicables au
» plaignant, et que l'effet en a dû lui être préju-
» diciable. » Malgré cette autorité, il ne paraît
pas qu'aucune distinction doive raisonnablement
s'établir entre le libelle emblématique et le libelle écrit.

Un homme peut être aussi pleinement exposé
au ridicule, et l'intention de l'auteur manifestée
aussi clairement, par une caricature que par un
pamphlet : la difficulté de prouver l'application
doit même être moins grande dans le premier
mode que dans le second. Or lorsque le doute
cesse d'exister sur ce point de similitude, la différence sur le reste est insignifiante.

Le crayon du *caricaturiste* est un instrument
de ridicule bien plus puissant que la presse, et il
est difficile de concevoir une imputation qu'un
artiste ingénieux ne puisse communiquer, même
à l'esprit le plus simple. Un tableau est l'i-
mage exacte de la scène, l'écrit n'en est que la
description imparfaite : mais sous le point de vue
de légalité, l'unique question est de savoir si par
ces différents modes, il est également possible
de transmettre à l'esprit du public, ou seulement de quelques personnes, certaines particularités dont la connaissance peut attirer des désagréments sur un individu. Si les effets sont sem-

blables, il ne peut légalement être établi aucune distinction dans les différentes manières de les produire. D'ailleurs cette distinction n'est pas adoptée ; au contraire, le premier juge Holt a positivement exprimé que « pour qualifier le li-
» belle, il suffisait qu'il y eût application inju-
» rieuse, comme de représenter un homme dans
» une situation honteuse. »

Un peintre montrait publiquement certains personnages connus, dans un tableau représentant La Belle et la Bête. Un parent des personnes exposées au ridicule, détruisit le tableau, et le peintre le poursuivit en réparation du dommage. Il lui fut alloué la valeur intrinsèque de l'objet. A ce sujet le premier juge Ellenborough observa : « Si c'était un libelle contre les personnes repré-
» sentées, il fallait en prévenir l'autorité ; l'exhi-
» bition eût été interdite, et le diffamateur au-
» rait été susceptible d'être poursuivi civilement
» et criminellement pour la réparation et la pu-
» nition de l'offense. »

Il existe un autre mode de diffamation, dont l'effet est plus étendu que celui produit par la parole, et cependant moins durable que la peinture ou l'écrit : ce sont les effigies livrées à l'indignation ou à la dérision publique. En considérant toutes les conséquences de ce genre d'outrage, il n'est pas douteux qu'il doit être classé parmi les signes qui caractérisent le libelle.

CHAPITRE VII.

SCANDALUM MAGNATUM.

Les mots qui ont pour effet de blesser la dignité d'un pair, d'un magistrat ou d'un grand officier du royaume, sont dénommés *scandalum magnatum*. Ces mêmes mots, s'ils n'étaient pas répréhensibles à l'égard d'une personne privée, le deviendraient par cela seul qu'ils seraient appliqués à une personne d'un rang élevé. Alors ils sont considérés comme une injure plus grave; et par une exception fondée sur d'anciens statuts, les poursuites s'exercent, d'une part, au nom de la couronne, pour le châtiment; et d'une autre part, au nom de la partie offensée, pour le recouvrement des dommages.

Nous considérerons, 1° le motif à action, 2° les personnes à qui ce droit est attribué, 3° la nature des expressions qui donnent lieu à l'exercice du droit.

Sur le motif du droit à action. — Les statuts sont au nombre de trois, dont voici la substance.

De Westminster, etc. « Considérant que » souvent il circule des rapports controuvés,

7

» dont l'effet est de troubler l'harmonie qui doit
» subsister entre le Roi, son peuple et les grands
» du royaume: Ordonnons qu'à l'avenir personne
» n'ait l'audace de répandre aucunes *fausses ru-*
» *meurs*, ni de publier aucuns *faits*, par les-
» quels la discorde puisse naître entre le Roi,
» son peuple et les grands du royaume. Voulons
» que celui qui s'en rendra coupable, soit pris
» et détenu, jusqu'à ce qu'il ait traduit l'auteur
» devant une cour de justice, etc. »

De Gloucester, etc. « Certains individus pro-
» pagent de *fausses rumeurs* et d'*horribles men-*
» *songes* concernant les prélats, ducs, comtes,
» barons, et autres nobles et grands personnages
» du royaume ; tels que le grand chancelier, le
» grand trésorier, le secrétaire du sceau privé,
» le maître de la maison du Roi, les juges des
» différents tribunaux, et autres grands officiers
» du royaume. Il résulte de ces récits d'ac-
» tions, de discours et d'opinions qui n'ont ja-
» mais existé, un scandale qui peut répandre la
» discorde entre lesdits prélats, lords, nobles
» et officiers, ou entr'eux et le peuple ; et de
» ces dissensions pourrait naître un grand
» danger pour l'Etat, si un remède légal n'était
» préparé, en temps opportun, afin d'y obvier.
» A cet effet, il est défendu, etc. » L'ordonnance se termine comme celle de Wesminster,

et paraît n'avoir pour objet distinct que de désigner les personnages auxquels la prérogative est attribuée.

Une autre ordonnance, en rappelant les deux précédentes, et usant des mêmes expressions, ajoute : « Et il est décrété dans ce parlement que » ceux qui seront détenus, s'ils ne peuvent pro-» duire l'auteur de la rumeur qu'ils auront pro-» pagée, seront soumis aux mêmes peines que » l'auteur aurait supportées. »

Depuis il a été entendu que par prérogative un moyen était offert aux grands du royaume, pour obtenir la réparation d'une injure faite à leur caractère. Cependant, les statuts n'indiquent pas ce moyen d'une manière expresse ; mais cette doctrine est fondée sur la règle générale qui détermine que pour un préjudice éprouvé par suite d'un acte condamné par les statuts, le droit à réparation est le produit nécessaire de l'infraction.

L'ordonnance de Gloucester désigne *les personnes auxquelles la prérogative est attribuée ;* ainsi, sur ce point il suffit d'ajouter que les mots tirant leurs qualités actionnables de l'application qui en est faite aux personnes privilégiées, il doit être constaté que ces dignitaires possédaient leur rang au moment où les mots injurieux ont été proférés.

Sur les expressions qui donnent lieu à l'exer-

cice du droit. — Tout ce qui peut apporter de la clarté sur ce point, se trouve dans les débats qu'offre la cause du lord Townsend, contre le docteur Hughes.

L'action était motivée sur ces mots : « C'est un homme indigne, (*unworthy*) qui agit contre la loi et la raison. » Le jury alloua 4,000 liv. st. de dommages. Sur la demande en arrêt de jugement, il fut argué, que le mot « indigne » étant exprimé d'une manière générale, n'impliquait nul crime compris dans la lettre et dans l'esprit des statuts ; que c'était simplement un terme de comparaison, et que des exemples d'indignité pourraient être cités, sur lesquels on conviendrait que l'imputation positive ne donnerait pas cause à action ; qu'il en serait autrement, si le lord avait été comparé à quelqu'objet ou sujet indigne ; comme lorsqu'il fut dit du marquis de Dorchester, « qu'il ne valait pas mieux qu'un chien. » Que dire d'un homme, qu'il agit contre la loi et contre la raison, n'est pas un scandale, puisque ensevelir un cadavre dans de la toile est agir contre la loi, sans pourtant qu'il subsiste aucun déshonneur après avoir acquitté l'amende. Qu'aucune insinuation n'avait été faite, d'après laquelle on pût induire que le lord avait agi contre la loi d'une manière reprochable, comme lorsqu'il fut dit au duc de Buckingham : « Vous êtes accoutumé à agir contre les lois; vous avez caché des bestiaux , afin d'en éluder la saisie ; » parce que dans ce cas c'était l'accuser de dol. Que les mots en question étaient incivils et non actionnables. Que plusieurs exemples démontraient qu'un pair n'était pas fondé à poursuivre pour des expressions triviales et messéantes qui lui étaient adressées, comme de dire : « Il se plaît à n'avoir autour de lui que des coquins et des fripons qui lui ressemblent, » lesquels mots n'étaient pas actionnables, suivant l'opinion des juges Yelverton et Fleming. Que les statuts avaient été publiés à dessein de punir ceux qui répandaient de *fausses rumeurs* ou d'*horribles mensonges* , capables de troubler l'ordre, etc.; mais que d'après la construction littérale et l'intention visible des statuts, il était impossible d'entendre que dire d'un pair, « c'est un homme indigne, » mettrait le royaume en combustion, répandrait le trouble , et allumerait les torches de la guerre civile ; ou que l'État serait dans un danger imminent , parce qu'il aurait été dit qu'un pair « avait agi contre la loi et la raison. » Que le lord n'avait encouru rien de désagréable par cette imputation ; que sa loyauté n'était pas souillée comme pair , ni sa vie mise en danger comme sujet ; qu'il ne courait le risque d'aucune peine corporelle ou pécuniaire par cette accusation, comme d'avoir trahi ses serments, ou d'avoir prévariqué dans ses fonctions.

Il fut répondu, que l'objet des statuts était de réprimer les expressions outrageantes susceptibles d'exaspérer les personnages d'un haut rang, et de leur faire chercher dans la force des armes une réparation qu'ils ne trouveraient pas dans la loi. Que tel étant le but des statuts, non-seulement il entrait dans la prérogative octroyée aux grands de l'État de comprendre tous les mots qui causaient un scandale éminent suivant la loi commune, mais encore ceux qui imprimant le mépris sur leurs personnes, les avilissaient aux yeux du peuple, et pouvaient leur fournir l'occasion d'exercer la vengeance et la persécution à défaut de redressement légal. Que l'action avait été admise pour avoir dit du lord Cromwel : « Vous protégez ceux qui soutiennent la rébellion : » du comte de Lincoln : « Milord est un vil seigneur, un misérable comte, qui n'a autour de lui que des coquins de son espèce : « du duc de Buckingham : « Il n'a pas plus de conscience qu'un chien : « du marquis de Dorchester, » Il ne vaut pas mieux que ce chien qui est là couché. « Que cependant ces mots ne compromettaient en rien leur personne, ne les accusaient d'aucun crime, et n'insultaient qu'à leur dignité et à leur honneur. »

Le juge Scroggs observa « que les mots dénoncés,

quoiqu'exprimés d'une manière générale, étaient assez injurieux pour donner cause à action. Que l'action avait été admise pour avoir dit du comte de Leicester : « C'est un oppresseur ; » du lord Winchester : « Il me retint en prison jnsqu'à ce que je lui eusse résilié mes droits ; » du lord Abergavenny : « Il me fit prendre, et me tint à la gêne. » Que d'après les diverses décisions, il appert que les juges ont toujours favorisé ces poursuites, probablement afin d'éviter le danger des vengeances personnelles. »

Le juge Atkins maintint que, d'après le sens des statuts, les mots pour être actionnables devaient être *horribles*, aussi bien que *faux*, et tels que les faits imputés fussent justiciables de la haute cour comme crimes énormes. Que les statuts ne mentionnent pas les mots d'une nature légère et triviale, ni même tous ceux qui sont actionnables, mais seulement ceux d'une grande importance, et par lesquels la discorde peut s'élever entre les seigneurs et le peuple au grand danger de l'état, et aussi ceux exprimant un *grand scandale* et *mensonges horribles*, qui sont intentionnellement désignés dans les statuts comme distinction et aggravation du crime. Qu'ainsi, les mots qui sont actionnables par la loi commune peuvent ne pas l'être par les statuts, s'ils ne sont horribles et d'un grand scandale. Que dans les

cas du duc de Buckingham et de certains autres,
les mots exprimaient une accusation directe, et
non une simple opinion ; qu'il avait été dit à
l'évêque de Norwich : « Ce que vous m'avez écrit
était un outrage à la parole de Dieu, et trahissait
des opinions superstitieuses, » ce qui était lui
nuire dans ses fonctions, en attaquant sa conduite comme ministre de l'évangile. Qu'il y avait
offense explicite envers lord Mordaunt dans ces
mots : « Milord savait que Prude avait volé
Shotbolt, et il m'empêcha de déposer comme témoin, ce qui eût fait pendre Prude. » Que dans ce
cas et dans tous les autres, fondés sur les statuts,
la condamnation portait sur l'imputation de faits
positifs, et non sur celles générales, obscures,
ou dictées par l'opinion. Que les mots ici en question n'ont rapport au plaignant, ni comme pair,
ni comme officier du royaume, et ne l'accusent
d'aucun crime. Que si les lois sont interprétées
dans un autre sens que ne le conçoit l'intelligence
ordinaire, au lieu de remédier au mal, on l'aug-
mentera, parce que le peuple refusera de respecter l'acte dont la clarté du texte est illusoire.
Qu'il est instant qu'il soit établi des règles de
conduite envers les grands : que puisqu'il n'y en
a aucunes, il faut en créer, d'après lesquelles
un seigneur soit traité comme un autre homme ;
c'est à dire qu'il ne faut pas rendre les mots

actionnables sans qu'il y ait imputation d'un crime particularisé, ou la preuve d'un dommage spécial.

Le premier juge North et le juge Wyndham opinèrent avec Scroggs. Le premier observa que tous les mots insultants, s'ils sont dirigés contre un grand du royaume, sont actionnables. Que cependant il y aurait exception si un homme se bornait à témoigner son mépris personnel par un langage équivalant à celui-ci. « Que m'importe ce lord » ou « je me moque de ce lord ; » mais que les mots exprimant une offense d'une manière générale, sont répréhensibles.

Cette opinion ayant prévalu, le jugement fut prononcé en faveur du plaignant.

Dans la cause du comte de Pembrocke, les mots étaient « le comte de Pembrocke jouit de si peu d'estime dans le pays, qu'aucun homme respectable n'a de considération pour lui : c'est un misérable ; personne ne recevrait sa parole pour deux sols ; et l'on n'en fait pas plus de cas que de la boue de mes souliers. » Ces mots furent jugés actionnables d'après les statuts. Appliqués à une personne privée, et jugés d'après les règles fondées sur la loi commune, ils n'auraient pas été répréhensibles.

Dans la cause du lord Falkland, les mots « coquin » « fripon » « gredin » furent considérés comme actionnables.

De tous ces cas , il ressort comme règle , que les *expressions générales de mépris et de mésestime , tendantes à avilir et à dégrader le caractère des grands du royaume , sont actionnables , comme si elles attaquaient leur loyauté, ou leur imputaient un acte criminel ou un tort grave* (-misdemeanor.)

Si les mots outrageants , proférés contre un seigneur , étaient susceptibles d'être poursuivis en vertu de la loi commune ; le plaignant aurait option de procéder d'après les statuts, ou suivant les formes ordinaires.

CHAPITRE VIII.

DOMMAGE SPÉCIAL.

Lorsqu'un dommage résulte d'une imputation fausse et illicite qui n'est pas comprise dans les exceptions précédentes, l'action est fondée sur le motif de perte évidente.

Ici deux questions se présentent, 1º sous le point de vue de légalité, quels sont les caractères actionnables du dommage évident? 2º Quel rapport doit il exister entre le dommage et la diffamation pour constituer le droit à action?

1º L'imputation nuit à des droits actuels, ou s'oppose à l'obtention de nouveaux avantages.

Sur les droits actuels. — Lorsqu'un crime est imputé au plaignant, si l'imputation est vague et dénuée de preuves légales, il doit être indemnisé pour la perte et la dépense qu'il a supportées pour manifester son innocence ; comme dans la cause de Peake, contre Oldham, où il y eut exhumation du cadavre, afin de vérifier les causes de la mort.

Si celui qui a proféré l'imputation entreprend d'en démontrer la vérité par les formes observées en matière criminelle, et qu'il ne puisse en justifier ; alors l'offensé, par une action au civil, a droit à prétendre à des dommages pour le scandale, les vexations et la dépense qu'il a éprouvés.

Quand, par l'effet d'une imputation fausse, un homme ne peut vendre, échanger ou disposer avantageusement de sa propriété, il est fondé à poursuivre pour le dommage ; mais la perte doit être évidente et effective, car la simple conjecture ne peut suffire.

Il ne suffit pas non plus d'alléguer d'une manière générale qu'il y avait intention de vendre ; il est nécessaire de prouver qu'il existait des offres réelles·qui ont été retirées en raison de l'imputation. Sous le rapport légal, la question n'est pas si la propriété a diminué de valeur dans l'opinion, mais seulement si un dommage évident et effectif a eu lieu ; autrement le cas rentrerait dans la classe où l'effet de l'imputation est d'invalider le titre et d'écarter les avantages qui en dérivent.

Dans la cause de sir William Gérard, contre Dickenson, le premier juge Wray dit : « Dans » les cas de transmission de titre, il y a cause à » action, s'il est prouvé qu'il existe dommage » par l'impossibilité de vendre ou de louer, en » raison de la diffamation.»

Avery dit : «Manning a hypothéqué cent livres
» sterling sur ses biens, et il n'a plus le pouvoir
» de les vendre ni de les louer ». Comme il ne
fut exhibé aucunes preuves d'un marché rompu
par l'effet de l'imputation, l'action n'eut pas de
suite.

Dans une cause, où il était dit : «ce n'est qu'un
bâtard », le plaignant avait eu à soutenir un procès pour contestation de légitimité. Deux des
juges, contre l'opinion de leur collègue Dode-
ridge, décidèrent qu'il y avait cause à action,
parce que le plaignant démontrait dans sa plainte
que par l'effet de l'imputation, il avait supporté
de grands frais pour défendre son héritage.

Il a été maintenu que contester juridiquement
un droit, quoique le motif ne fût pas valable, ne
donnait pas cause à action ; parce que c'est une
réclamation contre l'injustice de laquelle il existe
déjà une garantie dans les dommages que la cour
peut allouer, *pro falso clamore*.

Par la même considération, serait-il juste
qu'une indemnité fût accordée en raison d'une
imputation qui aurait provoqué un procès civil,
puisque cette indemnité existe déjà dans les dommages recouvrés sous le titre de frais et dépens ?
C'est ce que nous examinerons ailleurs.

Sur l'obtention de nouveaux avantages. —
En général, lorsque par le tort du défendeur, le

plaignant est privé de l'avancement, du bénéfice, ou de l'avantage qu'il avait droit d'espérer, il y a cause à action pour le dommage spécial.

S'il est dit d'un postulant à un emploi « qu'il est ignorant, qu'il ne convient pas à la place » et que par ce motif, il soit rejeté ; l'action est admise. Il en est ainsi d'un intendant, commis ou domestique.

La rupture d'un projet de mariage a toujours été considérée comme un dommage temporel, quoique par sa nature sacramentale, le mariage soit du ressort de la juridiction spirituelle.

Dans une cause, où par l'effet d'un rapport désavantageux, le plaignant avait perdu l'occasion d'un mariage, il fut argué que c'était la première fois que des mots injurieux, proférés contre un homme, étaient produits comme motif substantiel de la rupture d'un projet de mariage. Les juges observèrent « qu'il était question d'un dommage éprouvé, et que le sexe de la personne frustrée dans ses espérances par des propos outrageants, était indifférent à la cause. »

Pour donner suite à une action motivée sur la rupture d'un projet de mariage, il est nécessaire que le plaignant prouve l'existence matérielle du projet, et que la cause évidente de la rupture est dans les rapports scandaleux du défendeur.

La nécessité de prouver un dommage spécial

présente des difficultés qui répuguent à la délicatesse d'une fille, et l'empêchent souvent de
poursuivre les imputations les plus injurieuses et
les moins fondées. Dans quel cas, pourtant, le
scandale peut-il être plus naturellement estimé
préjudiciable que lorsqu'une fille est faussement
accusée d'incontinence ? Dans quel autre cas la
victime de la diffamation a-t-elle un plus juste
droit aux avantages de la présomption légale,
pour demander la réparation d'un outrage, et ce
qui est bien plus important, pour repousser la
calomnie ?

Aucune espèce de scandale n'est plus odieuse
dans son origine, ni plus pernicieuse dans ses
conséquences ; et cependant à moins qu'un dommage spécifique ne soit prouvé, ou que l'imputation ne soit écrite, l'infortunée dont la réputation est ternie, la tranquillité troublée et les
espérances détruites, ne peut recourir qu'à la
justice spirituelle, où les punitions ne sont infligées que comme pénitence, dans l'intérêt moral
du coupable, et nullement comme réparation
substantielle envers celle qui doit supporter les
déplorables effets du tort.

C'est précisément cette juridiction ecclésiastique qui est indiquée comme motif du refus
des cours temporelles d'intervenir sur le point
de réparation matérielle ; il a semblé que ce

serait punir deux fois pour la même offense que de condamner à des dommages pécuniaires, en même temps qu'il serait infligé un châtiment expiatoire.

Ce raisonnement est un sophisme. Si un homme, dans une même action, effectue un scandale contre la religion, et un tort préjudiciable à son voisin ; quoique l'acte ne soit qu'un, il comprend deux offenses distinctes pour lesquelles il doit être repris, et il serait absurde de croire que la justice est satisfaite, lorsqu'après avoir subi un châtiment insignifiant, il cesse d'être répréhensible pour le dommage effectif qu'il a méchamment causé.

C'est sans fondement qu'il est entendu que la condamnation à des dommages est une punition. L'intention explicite de la loi est que l'indemnité pécuniaire soit une réparation du dommage temporel ; et elle est allouée seulement dans l'intérêt de celui qui a souffert, sans égard pour l'effet que la correction peut produire sur la conduite future du diffamateur. Il est surprenant qu'une telle erreur n'ait pas été reconnue dans des tribunaux où chaque jour l'individu est, pour le même acte, poursuivi tout à la fois par des juridictions différentes, c'est-à-dire, civilement et criminellement.

Tels sont cependant les réglements sur ce

point : on attend que l'influence de la raison ,
plus forte que l'autorité des *précédents* , décide
une cour de justice à prendre l'initiative pour
opérer des modifications devenues nécessaires.

On trouve une cause où Anne Davis étant
fiancée , les accords furent rompus parce que
le défendeur avait affirmé « qu'il connaissait
bien la fille de Davis ; qu'elle demeurait dans
Cheapside , et qu'un épicier lui avait fait un
enfant». Après la déclaration favorable du jury,
il fut argué en arrêt de jugement que la diffamation étant de nature spirituelle , l'action ne
pouvait être admise ; mais d'une voix unanime
la cour prononça le jugement , motivé sur ce
que si en effet la fille avait un bâtard , elle
serait punissable d'après les statuts d'Elisabeth ,
et sur ce que le motif de l'action était la perte
temporelle qui résultait de la rupture du projet
de mariage. Elle ajouta « si l'imputation n'avait
exprimé que la seule incontinence , l'action
n'aurait pu être exercée ».

Dans une multitude d'autres causes, les considérations n'ont porté que sur la rupture du
projet de mariage.

L'action fut admise, sans qu'il y eût exhibition
de preuves de rupture d'un projet de mariage ,
pour avoir dit de miss Medhurst, qui avait plusieurs prétendants à sa main , « qu'elle était eu-

ceinte, et se traitait en conséquence, » ce qui lui fit perdre l'estime de sa société. Ce cas forme exception et n'a pas été admis ultérieurement comme règle.

Dans la cause d'Ogden contre Turner, le premier juge Holt observa que « dire d'une fille » qu'elle a un bâtard, est un grand scandale, » pour la réparation duquel, s'il le pouvait, il » favoriserait les poursuites, mais que civile- » ment il n'est pas un motif à action, parce que » c'est un tort spirituel qui est du ressort des » cours ecclésiastiques ».

Dans la cause de Byron contre Emés, l'imputation d'incontinence portait sur une fille, et le jury avait reconnu le tort. Il fut argué en arrêt de jugement, « que les mots ne pouvaient être actionnables que devant une cour spirituelle; qu'aucune perte temporelle n'était démontrée ; que dire d'une fille « qu'elle avait un bâtard » n'était actionnable par les statuts que lorsque l'enfant était abandonné à la charge du public ; que si les règles étaient moins positives sur la nature de ce scandale, peut-être serait-il possible qu'on le rendît actionnable, mais que toutes les autorités précédentes, l'ayant considéré comme purement spirituel, ce serait innover que de le rendre passible de punition temporelle ; que c'était un tort susceptible d'être censuré par une cour ecclésiastique; qu'il n'était conforme ni aux usages ni à la raison de poursuivre le même fait civilement et spirituellement ». En cette occasion, et en beaucoup d'autres, le cas de Anne Davis ne fut pas pris en considération, et le jugement demeura suspendu.

Dans une autre cause, la cour observa « qu'elle ne pouvait prononcer contre tant d'autorités précédentes qui avaient décidé que la fornication était une offense ressortissant d'une cour spirituelle ; qu'elle déplorait qu'il fût hors de ses attributions de réparer le plus grand tort qui puisse être fait à une femme, mais qu'aucun dommage spécial n'étant allégué, il lui était impossible d'admettre l'action ».

Ces exemples démontrent que les juges sont soumis à des régles qu'ils improuvent sans oser les enfreindre. Aussi font-ils usage de tous les moyens qui leur sont présentés pour en modifier l'application : ils trouvent un dommage spécial dans la moindre perte effective résultant de la diffamation ; et la privation d'un festin, ou de tout autre amusement gratuit, causée par la malignité du scandale, devient alors le motif à action.

La simple appréhension des conséquences ne peut constituer un dommage spécial.

L'action ne fut pas admise dans ces cas : — 'Un mari alléguait que l'imputation avait fait naître dans son ménage des dissensions qui pouvaient conduire au divorce. — Un jeune homme se plaignait que ses parents, indignés de la conduite qui lui était attribuée, avaient menacé de le chasser de la maison paternelle. — Un fils prétendait que sa mère, irritée par de faux rapports, lui avait retiré son affection, et qu'il perdait l'espoir d'un revenu de cent liv. sterl. qu'elle lui avait promis.

2°. *Quel rapport doit-il exister entre le dommage et la diffamation, pour constituer un motif valable à action ?*

Wilcoks affirma que Vicars avait coupé le cordage appartenant au maître qui l'employait, ce qui lui fit perdre sa place, quoiqu'il eût un engagement de plusieurs années. Il fut décidé par la cour « que la perte de la condition n'était pas en elle-même un motif à action, puisqu'elle provenait d'une cause intermédiaire qui était la volonté du maître ; que le dommage spécial doit être la conséquence naturelle et légale des mots proférés ; que Wilcoks n'était pas plus responsable du tort du maître envers Vicars, que si, par suite des mêmes mots, ce dernier avait été jeté dans un puits ».

Il paraît qu'en général, lorsque, par l'effet de

mots scandaleux, une tierce personne refuse de remplir un engagement contracté précédemment, il n'y a pas cause à action envers le diffamateur, parce que déjà il existe un recours en dommages envers celui qui a rompu le contrat, et qu'il y aurait double compensation pour la perte éprouvée. Cette règle semble fondée sur un point de compensation très-contestable , car il n'est pas certain que les dommages obtenus pour la violation du contrat, seront l'équivalent du dommage. Si celui qui possédait un bien effectif, le trouve , par le fait du diffamateur, converti en un simple droit de recours, alors l'auteur du mal jouira-t-il avec impunité de ses succès ?

Le défendeur ayant diffamé une chanteuse attachée à un concert public, elle refusa de chanter. Le directeur exerça les poursuites en raison d'un dommage spécial prouvé par l'absence forcée de la chanteuse du lieu où l'on s'attendait à entendre sa voix. Le juge observa que « le tort du défendeur envers le directeur , était trop indirect ; que si l'actrice avait été réellement injuriée, c'était à elle à poursuivre en son propre droit ; qu'il paraissait incertain si le refus de chanter ne provenait pas plutôt du caprice ou de l'indolence que d'un empêchement causé par la diffamation ».

Le plaignant qui a recouvré des dommages

par une action, n'en peut réclamer ultérieurement pour une perte résultant des mêmes mots. La publicité du procès est le correctif légal qui doit effacer subséquemment ce que l'offense avait de nuisible.

Il a été dit par le premier juge Holt : « Si un » homme commet un acte réprouvé par la loi, » il est responsable pour les conséquences ; » surtout si l'acte a été commis avec l'intention » de produire un dommage ». Mais il n'est pas absolument essentiel que le dommage soit le résultat nécessaire et inévitable du scandale : il suffit qu'il soit un motif urgent et forcé de dépense ou de privation.

La règle générale est que le *dommage doit être la conséquence pure, naturelle et immédiate du tort.*

CHAPITRE IX.

DU TORT.

Le tort, est l'acte nuisible.

Le tort se présénte sous divers aspects ; envers Dieu, envers la société, envers soi-même : mais c'est seulement envers les individus qu'il est ici considéré.

Le tort civil, vu dans l'acte injuste exércé contre un individu, est une violation de la loi commune ; c'est nuire à quelqu'un dans sa personne, dans son honneur ou dans ses biens ; c'est causer un dommage.

Parmi les nombreux moyens employés pour effectuer le tort, le dénigrement, la calomnie, en sont de puissants, que l'interêt collectif et individuel commande de réprimer.

Cette espèce de tort présente une telle diversité dans la forme d'expression, et des dégrés de gravité tellement nombreux dans les effets, qu'il est hors du pouvoir du législateur d'étendre ses décrets au-delà des bases de répression. Une nécessité impérieuse l'oblige à déférer l'application des principes à l'autorité judiciaire, et cette autorité doit, sur les points réunis de *fait*, d'*intention* et de *tendance*, se borner à régulariser les délibérations d'un jury indépendant, qui s'identifie avec les circonstances, les situations, les expressions, les tempéraments, les habitudes, enfin avec cette variété innombrable d'accidents que l'intelligence, l'étude et la pratique de plusieurs siècles n'ont pu prévoir, apprécier ni déterminer. Des règles de principe font distinguer les couleurs frappantes du tort; mais l'œil et la conscience du jury peuvent seuls en discerner les nuances.

C'est la connexion du *dommage* éprouvé et du *tort* commis, qui détermine la *réparation*; or après avoir traité du dommage, il est nécessaire de rechercher comment un acte de communication peut être un tort aux yeux de la loi.

Le tort comprend, 1° les *moyens* matériels employés pour effectuer la communication nuisible : 2° l'*intention* maligne qui a conçu et dirigé ces moyens.

MOYENS.

Pour donner de la consistance aux poursuites en réparation, il est indispensable que le scandale ait été communiqué à l'entendement d'un tiers; c'est-à-dire qu'il ait été publié; parce qu'autrement aucun dommage n'aurait pu résulter de l'acte injurieux.

Pour l'offense verbale, tous les moyens qui peuvent caractériser le tort extérieurement, sont dans les paroles, le geste et l'accent d'un individu, et cet individu est seul poursuivi juridiquement pour la réparation.

Dans le cas de libelle, il peut se rencontrer plusieurs fauteurs, et alors les caractères extérieurs du tort diffèrent suivant la manière dont chacun d'eux a participé à la communication, soit en fabriquant l'outrage, ou en le publiant. Dicter, écrire, imprimer ou distribuer le libelle, est également se rendre responsable de ses effets envers la partie offensée; mais la réparation du tort est poursuivie dans la personne d'un seul des coupables, et ce n'est qu'à défaut du principal que l'un des agents est pris à partie. Cette règle est observée au criminel comme au civil : dans le premier cas, l'exemple d'une juste punition, dans le second la réparation d'un dommage ; voilà le but unique, simple et équitable de la loi ; l'agent n'est mis en cause que dans le dessein d'obtenir la conviction de l'auteur, de l'instigateur, du coupable.

INTENTION.

Toutes les définitions sur ce sujet comprennent la malignité d'intention comme le principal ingrédient du tort : aussi les poursuites en matière de scandale sont-elles toujours fondées sur la supposition que l'intention était coupable.

On doit entendre ici la malignité, telle qu'elle est conçue légalement comme caractérisant le tort. Dans son acception morale elle s'applique à la médisance aussi bien qu'à la calomnie ; c'est elle qui « suggère la relation de faits vrais ou controuvés, afin de causer un préjudice. »

Des considérations civiles s'opposent à ce que la loi soit, sur ce point, aussi rigide que la morale : elle doit souvent présumer l'innocence, et s'opposer à ce que le motif d'action soit scruté, à dessein d'y trouver un tort qu'elle ne peut admettre.

Lorsque l'homme agit au nom de la loi dans l'exercice d'un devoir ou public ou particulier, les vices inhérents à sa nature le portent quelquefois à prendre avantage de l'autorité ou du droit qui lui est conféré, pour faire le mal avec impunité. Sans doute alors le tort existe, et il acquiert même un caractère plus odieux par l'abus d'un pouvoir établi pour protéger ; mais la loi ne voit que l'inconvénient de rechercher l'intention dans l'acte de l'autorité, et elle ne peut permettre d'attribuer à une mesure régulière d'autre origine que le sentiment du devoir.

Si la malignité était recherchée dans l'intention qui a produit l'acte, la théorie pourrait s'accommoder de ce régime ; mais dans la pratique il serait opposé aux intérêts de la société. L'inquiétude et la perplexité retarderaient la marche du pouvoir ; le moment d'agir serait employé à compasser des règles toujours imparfaites et toujours contestées ; la conscience indécise du magistrat cesserait de suppléer au vague et au silence des lois ; l'audace du malveillant s'accroîtrait de l'hésitation craintive de l'homme public.

L'intention est renfermée dans le cœur de l'homme, et il est trop difficile de la découvrir sous les replis où elle se cache, pour établir sur le motif de l'action des règles générales et absolues en matière de tort ou de droit légal. C'est aussi pourquoi la loi, qui ne peut admettre que l'évidence comme base de ses prescriptions, devient trop souvent l'instrument de l'oppression ; mais c'est un mal qu'il faut classer parmi toutes les imperfections irrémédiables, avec lesquelles la raison doit s'accommoder.

Par exemple si un créancier, plutôt pour satisfaire un ressentiment que par l'espoir légitime d'obtenir ce qui lui est dû, use de ses droits avec rigueur et prive son débiteur de la liberté, alors, suivant les règles de conscience, il commet un acte méchant, et pourtant cet acte est sanctionné par la loi. En induira-t-on qu'il serait convenable de rechercher quels sont les motifs qui portent un homme à user rigoureusement de son droit légal ?

Cet exemple peut s'appliquer au scandale : il serait irrégulier autant qu'infructueux d'enquérir si celui qui, par la communication de la pensée, remplit un devoir ou exerce un droit, est dirigé plutôt par des intentions coupables, que par la volonté d'être utile.

Dans l'action juridique, l'intention de causer un préjudice n'est pas présumée ; 1° lorsque l'allégation diffamatoire est fondée sur la vérité ; 2° lorsqu'elle est publiée suivant le cours régulier des formes parlementaires ou judiciaires ; 3° lorsqu'elle est la relation exacte de délibérations publiques.

En admettant ces exceptions, la loi considère 1° les avantages que la société peut trouver dans l'exposition des actious odieuses, et aussi combien il serait répugnant d'accorder des dommages pour une indiscrétion dont la source est dans la conduite de celui qui les réclame; 2° la nécessité de garantir ceux qui ont des devoirs publics à remplir, ou des droits à invoquer, de la crainte d'être harcelés juridiquement pour des expressions incorrectes, des inductions fautives ou des citations inexactes; 3° l'extrême utilité que l'intérêt commun trouve dans la publicité des rapports législatifs et judiciaires.

CHAPITRE X.

JUSTIFICATION DE LA VÉRITÉ.

Si le défendeur n'a publié que la vérité, le dommage qui en a été l'effet, est un point sans considération, le vœu de la loi n'étant pas de favoriser les spéculations d'un plaignant, dirigé par l'espoir de trouver une ressource dans des reproches fondés sur son infamie.

Blackstone voit pour cause de cette indulgence, le mérite d'avoir éclairé le public sur les menées ténébreuses d'un criminel : « C'est, selon lui, *damnum absque injuriâ,*» insinuant que l'acte ne constitue pas un *tort* dans son sens légal, et il se fonde sur cette maxime des lois civiles : « *Eum qui nocentem infamat non est œquum* » *et bonum ob eam rem condemnari, delicta* » *enim nocentium cognita esse oportet et ex-* » *pedit.* » Il est difficile d'y trouver pour conséquence, que l'acte de médisance n'est pas un tort, puisqu'il est reconnu tel dans la procédure criminelle ; car si l'acte est justiciable dans un cas, parce qu'il est utile au public, il doit l'être dans tous les cas où cette utilité en est le produit.

Au lieu de ce paradoxe qui établirait qu'envers un individu, l'acte est innocent, parce qu'il est avantageux au public, tandis qu'envers le public, l'acte fût-il avantageux, serait un tort, n'est-il pas plus consistant de n'attribuer aucun mérite au médisant, et de considérer le plaignant taché d'infamie, comme indigne de la protection des lois dans une procédure où ses propres actions sont la première cause du tort dont il se plaint?

Lorsqu'un homme est réellement coupable de l'offense qui lui est imputée, ses accents ne sont pas le cri de l'innocence accusée ; il n'implore pas le secours de la justice pour laver la souillure qui le flétrit : il demande un abri pour ses torts ; il désire que la crainte comprime la censure qu'il redoute; il veut punir dans le moniteur indiscret l'idée du crime dont le souvenir le tourmente, ou peut-être encore cherche-t-il à tirer avantage de son infamie, en provoquant l'irritation de l'honnête homme indigné de son impudence. Un tel individu n'a certainement pas, à la réparation, le même droit que l'innocence outragée.

Il n'est pas douteux que la justification de la vérité est admise pour des imputations verbales; le contraire a été soutenu pour le libelle ; mais les autorités sur ce point sont très-rares, et elles semblent être favorables à la justification, sauf quelques différences qui seront expliquées en traitant de la procédure.

Le premier juge, Hardwicke, s'est ainsi expliqué dans la cause de Roberts : « On prétend » que si l'action est admise, la vérité du fait » exprimé par l'imputation peut être justifiée ; » ces formes n'ont jamais été observées, et il » n'est pas à ma connaissance que cette espèce » de justification ait été mentionnée avant ce » jour dans les procédures concernant le libelle. » L'intention de la loi est que la diffamation sous » la forme de libelle soit réprimée sévèrement, » et toute la faveur que la vérité peut obtenir, » c'est d'être prise en considération dans l'allo- » cation des dommages, si la cause est civile, » ou dans l'infliction de l'amende, si la cause est » criminelle. »

Dans une autre cause, le premier juge Lee dit : « Il a toujours été maintenu que la vérité, ex- » primée dans un libelle, ne pouvait être un » moyen de disculpation, parce que si la per- » sonne à laquelle un crime est imputé l'avait » réellement commis, il était licite de procéder » contre elle suivant les formes légales, et non » de le lui reprocher dans des écrits, où le but » que se propose l'honnête homme, en dévoilant » les actions criminelles, est bien moins aperçu » qu'un ressentiment coupable. »

Le premier juge Pratt dit ailleurs : « Quoique
» la justification de la vérité ne soit pas admise
» pour un libelle comme dans les cas où les mots
» diffamatoires ont été proférés, néanmoins elle
» est une cause suffisante pour tempérer la sé-
» vérité de la justice. »

Ces décisions ayant été prononcées dans des
causes au criminel, ne peuvent être des autorités absolues dans une action au civil.

D'une autre part, le premier juge Hobart dit
que : « la vérité d'un libelle peut être justifiée par
une accusation directe du fait imputé. »

Le premier juge Holt exprime positivement :
« qu'un homme peut justifier de la vérité pour
des mots, ou pour un libelle, dans l'action au
civil ; et qu'il le peut également par une accusation directe de l'offense imputée, dans l'action
au criminel. Telle est aussi l'opinion du lord
Ellenborough. »

Dans la cause de Anson contre Stuart, pour
libelle, le défendeur justifia de la vérité, et
le tribunal ni la partie ne firent aucune objection.

Blackstone paraît avoir eu l'opinion que la
vérité était justifiable dans une action pour libelle , puisqu'après avoir dit qu'elle était un
moyen valable de défense pour des mots injurieux , il ajoute : « Ce qui a été dit au sujet des

mots, doit être appliqué, en tous points, au libelle peint ou écrit, et à l'action civile dont il est le sujet. »

Dans une cause de *scandalum magnatum*, il fut décidé qu'aux termes des statuts, les mots, pour être répréhensibles, devaient être *faux* et horribles.

Il résulte de plusieurs décisions qui ont fait règle, que dans les cas de *scandalum magnatum*, la justification de la vérité est admise pour les injures verbales.

Un plaignant ayant été désigné comme complice d'un crime, dont le principal auteur avait été acquitté, le défendeur fut admis à justifier de la vérité de son assertion, quoique celui dont il accusait le plaignant d'avoir été le complice, eût été libéré par un jugement qui disposait à croire que l'imputation était calomnieuse.

Dans une cause où les mots imputaient un assassinat, pour lequel le plaignant avait été jugé et acquitté, il fut décidé que le défendeur pouvait justifier spécialement, c'est-à-dire, soumettre les raisons sur lesquelles il fondait son accusation, et que le dégré d'évidence serait pris en considération.

Il a été dit, qu'après avoir justifié spécialement de la vérité d'une offense imputée, si elle était reconnue fondée, le prévenu pouvait être jugé sans l'intervention du jury d'accusation.

La justification doit être précise dans toutes ses parties : s'il était énoncé que le plaignant a volé une somme d'argent, et qu'on ne prouvât qu'un vol d'autres objets, la justification serait nulle.

Ainsi, le défendeur avait dit d'un homme de loi : « Vous êtes un misérable qui avez l'usage de prendre des deux mains. » Il justifia que le plaignant avait reçu une somme pour accommoder une affaire, et que, par l'entremise d'un agent, il en avait continué la poursuite. Le moyen fut rejeté en référé.

Quelque forte que soit la suspicion, elle ne peut tenir lieu de justification, qui sous-entend *évidence*.

La notoriété n'est pas un moyen de justification.

Dans une cause où il avait été dit : « C'est un voleur ; » le défendeur offrit de justifier que le plaignant avait volé six moutons ; mais ce dernier répondit, qu'avant le jugement, il avait été absous par un pardon général. En référé cette réponse fut jugée satisfaisante, en ce que la prévention de crime aussi bien que le châtiment, avaient été anéantis par l'acte de grâce. On maintint qu'il était indifférent que le pardon fût général ou spécial, et qu'il eût été ignoré du défendeur , parce que celui qui commet l'offense, le fait à ses risques et périls contre tous les moyens imprévus, favorables à celui qu'il outrage. Il fut ajouté que si le plaignant avait été convaincu, puis pardonné, la justification aurait été valable.

Le pardon, après la conviction de parjure, ne peut rétablir le crédit du coupable, et l'autoriser à poursuivre en réparation , lorsque le reproche de ce crime lui est adressé.

La justification sur le point de vérité est examinée sous un autre aspect au chapitre 33.

CHAPITRE XI.

JUSTIFICATION DU DEVOIR ET DU DROIT.

Une distinction s'établit naturellement entre ceux que la loi appèle à remplir un devoir public, et ceux dont l'acte est volontaire. Dans la première classe sont compris les membres des deux chambres, les juges, les jurés et les témoins; dans la seconde, les réclamants, et leurs conseillers ou avocats, qu'aucune obligation légale ne porte à présenter des griefs, mais qui sont autorisés à invoquer la justice.

Aucun membre des deux chambres n'est responsable devant les tribunaux pour ce qu'il a dit dans le lieu des séances, quelque désagréable ou nuisible que soit le sujet à l'égard d'un individu. L'ordre exige que les hommes établis par la constitution pour pourvoir à la sûreté et aux intérêts de la communauté, soient, en remplissant leurs fonctions éminentes, totalement à l'abri de poursuites, relativement au mode d'expression qu'ils ont jugé convenable d'adopter. Les cours de justice n'ont donc aucune juridiction sur l'exercice de ce privilége; mais il ne s'étend pas hors de l'enceinte, et « un pair qui publie un libelle comme ayant fait partie de son discours dans la chambre, peut être poursuivi ainsi que l'est tout autre individu. »

Les mêmes règles, fondées sur les mêmes principes, sont applicables aux juges, jurés et témoins.

Un officier ayant porté devant une cour martiale une accusation contre son colonel, ce dernier fut acquitté, et le président, au nom de la cour, improuva en termes véhéments la conduite de l'accusateur. Sur la publicité de cette censure, l'officier intenta contre le président une action pour libelle. La cour motiva son rejet sur le privilége attributif du tribunal militaire.

Les témoins ainsi que les jurés sont appelés par la loi, et remplissent un devoir public. Les premiers sont susceptibles de poursuites pour parjure dans leur témoignage, ou de conjuration criminelle, si plusieurs s'unissent dans le parjure; mais ils ne peuvent être appelés devant un tribunal civil pour des imputations injurieuses revêtues de la forme de déposition.

Harding poursuivit Bulman pour avoir déposé « qu'il était un imposteur reconnu tel devant un tribunal. » Bulman fut absous, sur ce qu'un témoin ne peut être poursuivi civilement en raison de son témoignage.

A l'égard des pétitionnaires au parlement ou

des délateurs en cour de justice , il est maintenu qu'aucune expression émise suivant le cours régulier des formes établies, ne peut être considérée comme libelle.

Lake fut poursuivi pour un libelle où il accusait le grand-vicaire de son diocèse d'extorsion, de vexation, etc. Loin de nier l'offense, il produisit le libelle, qui était une pétition au parlement, qu'il avait fait imprimer et distribuer à chaque membre. Il fut décidé que cette pétition , quoique contenant des imputations fausses et scandaleuses , avait été faite légalement; qu'il était d'usage d'en délivrer des copies imprimées ; qu'en distribuer à d'autres qu'aux membres aurait été alors publier un libelle ; qu'en faire imprimer au-delà du nombre égal à celui des députés serait actionnable ; que la communication qui en était faite à l'imprimeur et au compositeur trouvait son excuse dans la nécessité implicite, et présentait moins d'inconvénients que de faire tirer des copies écrites.

Le plaignant arguait que la plainte n'avait pas été adressée à l'autorité compétente. On y répondit en citant une cause où la chambre des communes prononça « que Gée s'était rendu » coupable d'infraction à ses priviléges , en » poursuivant Kemps pour un libelle supposé » contenu dans une pétition ; que les mots dont

» se composait un écrit prenaient un carac-
» tère de légalité dès qu'ils lui étaient soumis
» exclusivement ; qu'aucune crainte de repré-
» hension ne devait écarter la plainte ou l'ob-
» servation de l'oreille du législateur ; que les
» relations entre le peuple et ses députés de-
» vaient être franches et libres ; que la chambre
» était seule juge de la compétence, de la régu-
» larité des moyens, et de la convenance d'ex-
» pression. »

L'action n'est pas admise pour allégations,
plaintes ou dénonciations faites suivant le cours
des formes judiciaires civiles ou criminelles,
n'eussent-elles aucun fondement, et fussent-elles
exprimées de la manière la plus outrageante
pour l'individu qui en est l'objet. L'intention
est d'éviter que la plainte de l'opprimé ne soit
dissimulée par la crainte des vexations juridiques
de l'oppresseur.

Le lord Mausfield a dit : « Il n'y a pas scandale si l'allégation est vraie ; et si elle est sans
fondement, la cour devant laquelle l'offense
est commise peut ordonner la réparation ou le
châtiment. »

Astley se plaignit que, « dans une déclaration
sous serment, Young avait déposé qu'il s'était
parjuré. » La cour rejeta l'action sur ce que, dans
les débats judiciaires, où l'un affirme ce que

l'autre nie, l'accusation étant contradictoire, il faut nécessairement qu'il y ait une allégation fausse contre laquelle il est impossible de sévir.

Weston, appelé en témoignage contre Dobniet, fut récusé par lui comme déjà coupable de parjure. La cour s'opposa aux poursuites en diffamation, sur ce que l'allégation avait été faite suivant les formes légales, *at non ex malitiâ*.

Il est positivement établi que l'action n'est admissible pour aucun sujet allégué dans le cours d'une procédure criminelle. Le seul remède offert contre d'injustes poursuites est par une action sur le fonds de la question, c'est-à-dire en prouvant la fausseté de l'accusation, le parjure, la subornation, etc.

Sir Richard Buckley poursuivit Owen-Wood pour une dénonciation dans laquelle il l'accusait de plusieurs faits ressortissant de différents tribunaux. La cour, qui avait reçu la dénonciation, prononça que, pour les faits de sa compétence, la forme légalisait l'imputation ; mais que, pour les autres il y avait cause à poursuites.

Il paraît toutefois qu'une accusation, adressée à une cour supérieure où il est appelé des jugements de la cour d'où ressortit la connaissance des faits allégués, ne donne pas droit à action pour diffamation, en ce que l'erreur de juridiction d'instance n'établit pas l'illégalité absolue.

Dans une cause postérieure, la cour dit :
« Nonobstant la décision prise dans la cause de
» Buckley, l'erreur de juridiction ne peut
» constituer un libelle, et doit être attribuée à
» l'avocat. »

Le juge Powel s'est exprimé ainsi : « J'ai en-
» tendu milord Hale dire que pour insérer dans
» une plainte des allégations qui ne sont pas du
» ressort d'une cour, il n'y a pas cause à action. »

Howkins fait cette observation : « Il a été
» soutenu que l'erreur de juridiction ne pouvait
» faire d'une plainte un libelle, parce que la
» faute devait être attribuée au conseil et non à
» la partie ; cependant s'il apparaissait évidem-
» ment de toutes les circonstances relatées, que
» l'accusation n'était nullement fondée, et qu'elle
» a été rédigée avec l'intention de nuire à la
» réputation d'un homme sous le couvert des
» formes légales, je ne vois pas la raison pour
» laquelle une telle injure faite à la justice, au
» lieu d'aggraver l'offense, servirait à garantir
» l'impunité. »

De ces autorités il peut être recueilli que *l'action n'est admise au nom de la partie injuriée,
pour aucune expression dite ou publiée pendant le cours d'une procédure judiciaire soit
criminelle ou civile*, avec cette restriction, que
la justification ne s'étend à aucune publication,

qui n'est pas légalisée par les formes établies. Ainsi dans la cause de Lake, le doute n'était pas s'il était légal d'envoyer la pétition au parlement, mais s'il était licite de l'imprimer et de la répandre.

Dans la cause de Meller, il fut trouvé légal d'avoir présenté une pétition à la reine, quoique cette pétition fût injurieuse pour le plaignant. On condamna seulement la communication ultérieure du contenu, comme faite avec l'intention de diffamer.

Si la publication a lieu dans le cours de la procédure judiciaire, il n'est pas absolument essentiel à la justification que les formes ayent été minutieusement observées.

Le plaignant présentant une déclaration à la cour, le défendeur s'écria : « Elle ne contient » pas un mot de vérité, et je le prouverai. » Les mots furent jugés irrépréhensibles.

Le défendeur se présenta chez un juge de paix pour accuser le plaignant d'avoir volé ses cordes. Le juge l'engagea à se recueillir avant de faire une telle dénonciation ; mais il répliqua vivement : « Je l'accuse d'avoir volé mes cordes dans ma boutique. » La cour décida « que les mots » étant exprimés devant un juge de paix, avaient » un caractère de légalité suffisant pour garantir » des poursuites en diffamation, ou qu'autre-

» ment, personne n'oserait se présenter chez un
» magistrat pour y déclarer un délit. »

CHAPITRE XII.

JUSTIFICATION DE PRIVILÉGE.

En général le rapport exact des délibérations législatives et des procédures judiciaires, n'est pas vu légalement comme un tort susceptible d'attirer sur l'éditeur la répréhension civile ou criminelle.

On peut citer, comme exception à cette règle, le jugement rendu contre sir Williams : étant président de la chambre des communes, il publia, en son nom, une narration qui le fit traduire et condamner. Cette transgression des principes, causée par l'influence d'un parti, servit à consolider ces mêmes principes ; ce cas a depuis été cité avec indignation, et tous les juges, qui ont eu à prononcer en matière de publication autorisée, l'ont signalé comme un écueil à éviter.

Dans une cause pour libelle, il resultait de la plainte, qu'il avait été publié une copie littérale d'un rapport fait à la chambre des communes.

Après avoir entendu l'avocat du plaignant,

l'action fut rejetée, et le lord Kennyon observa :
« Comme il est question de la copie exacte d'un
» rapport fait dans la chambre des communes,
» je pense que les poursuites sont sans fonde-
», ment. Dans la plainte, la publication est con-
» sidérée comme libelle, et il est impossible d'ad-
» mettre que les délibérations des chambres du
» parlement soient des libelles. Le cas de sir Wil-
» liams, qui est ici mis en avant, appartient à une
» époque dont il serait mieux de ne pas rappeler
» les erreurs. D'ailleurs tout autre exemple ne
» me persuaderait pas que nous avons le pou-
» voir de nous immiscer dans les détails d'aucune
» des branches de la législature, à moins qu'il
» ne soit question de prononcer sur l'exactitude
» des rapports qui en sont publiés. »

Le juge Grose dit : « En examinant les déci-
» sions antérieures, je n'en vois aucune qui soit
» favorable à cette réclamation. Il est vrai que le
» cas de sir Williams a quelque ressemblance
» avec celui-ci ; mais nous ne pouvons oublier
» qu'il est une honte pour notre pays. »

Le juge Lawrence dit : « Il a été soutenu que
» la publication des procédures judiciaires, lors-
» qu'elles flétrissaient la réputation d'un indi-
» vidu, était illégale. Pour étayer cette opi-
» nion, on a cité mal à propos le cas de Wa-
» terfield, comme exactement semblable, puis-

» que dans ce dernier , l'accusation portait que
» le rapport n'avait pas été rendu *fidèlement.*
» Les procédures des cours de justice sont pu-
» bliées chaque jour ; quelques-unes sont morti-
» fiantes pour la sensibilité de certains individus,
» et peut-être préjudiciables à leurs intérêts ;
» cependant il n'est pas à ma connaissance qu'une
» *action* ait été autorisée contre un éditeur de
» ces publications. Plusieurs de ces procédures
» ne contiennent aucun point de loi; elles ne sont
» publiées , ni sous l'autorité , ni sous la sanction
» des cours de justice : le seul motif qui en fait
» protéger la circulation est que le public ap-
» précie les actes de ses magistrats , par des pu-
» blications pures d'influence , et qu'il apprenne
» à respecter la loi en la voyant protéger ou pu-
» nir , sans considération d'individus et sans
» mystère. Il y a quelque temps , l'éditeur du
» journal *The Times* a été poursuivi pour avoir
» publié le plaidoyer d'un avocat de cette cour,
» et le premier juge Eyre infirma l'action , sur
» ce que la relation fidèle des procédures n'é-
» tait pas un libelle. Quelque désavantage qu'un
» individu puisse éprouver par ces publications,
» il importe trop à la communauté que les actes
» de la justice , et les raisons qui les motivent
» soient universellement connus , pour qu'aucu-
» nes convenances personnelles puissent être un

» obstacle à la publication. C'est dans la publi-
» cité que se trouve la garantie de la conduite
» des magistrats ; la publicité est le lien qui l'at-
» tache au peuple, et c'est par elle qu'il doit
» vouloir obtenir et le respect et la confiance.
» Les mêmes considérations s'appliquent aux dé-
» libérations parlementaires : les intérêts des dé-
» putés se joignent à ceux du public pour de-
» mander que les discussions législatives circu-
» lent et se propagent librement. Le choix du
» mode n'est exclusivement déféré à qui que ce
» soit, il est le domaine de tous, pourvu que le
» rapport soit fidèle. Quoique la publication
» dont il est question n'ait pas été autorisée par la
» chambre des communes, comme elle est le rap-
» port exact de ses délibérations publiques, et
» comme le mot *public* ne signifie pas l'enceinte
» d'une salle, mais bien les bornes du monde,
» mon opinion est que l'action doit être rejetée.

Toutefois il fut observé par le lord Ellenborough, et par le juge Grose dans une autre
cause « Il ne faut pas concevoir dans un sens
» illimité la libre publication, *de toute espèce*
» de sujets traités devant les tribunaux, puis-
» qu'il en est dont la décence réprouve la pu-
» blicité absolue, même dans l'enceinte de la
» salle. Quelques restrictions sont imposées
» à cette liberté ; elle ne comprend pas toutes

» les circonstances, tronquées ou étendues sui-
» vant la volonté de celui qui les publie ; et il
» est aussi permis quelquefois d'en pénétrer les
» motifs. Il arrive souvent que des particulari-
» tés décélées par un témoin, au nom de la jus-
» tice, sont déshonorantes pour celui qu'elles
» concernent, si elles sont séparées des raisons
» justificatives qui en ont effacé l'odieux ; et
» souvent aussi elles acquerraient de la gravité,
» s'il était fait quelques transpositions, omissions
» ou augmentations. On doit donc entendre que
» la loi protège seulement le rapport des détails
» *exacts*, et qu'elle n'abrite pas la coupable
» altération des faits, ni même la nuance la
» moins éloignée de la version fidèle, si ce
» changement est la cause d'un préjudice. »

Lofield recouvra des dommages contre Banckroft, qui lui ayant imputé un crime, avait
appelé sur lui des poursuites dangereuses. Il publia ensuite que Banckroft avait conspiré (*cons-
pired*) contre lui et qu'en lavant la tache faite à
sa réputation, il avait obtenu 1,100 liv. sterl. de
dommages. La cour le condamna, sur ce qu'il
avait faussement représenté le fait, en accusant
de conspiration, (*conspiracy*) qui implique
crime, lorsqu'il n'était question que de poursuites civiles pour une fausse imputation.

Il a été maintenu que la justification de dépositions en matière criminelle, faites devant un magistrat, n'était pas admise, parce que l'instruction préparatoire est *ex parte*, et ne contient que des détails préalables relatifs à l'accusation. Une plus forte raison s'oppose à la publication de ces rapports prématurés ; ils excitent des préjugés populaires contre le prévenu, et par leur pernicieuse influence, ils peuvent le priver d'un jugement exempt de prévention.

L'éditeur, l'imprimeur et le colporteur d'un journal, furent poursuivis pour la publication d'un paragraphe contenant l'examen d'une accusation contre Fisher. Ce rapport préjugeait la vérité des dépositions, et la culpabilité de l'accusé, et prononçait qu'infailliblement il recevrait la punition attribuée au délit qui lui était imputé. Il fut argué que la publication était licite, comme relation exacte des procédures judiciaires, et à ce sujet le lord Ellenborough s'exprima ainsi : « Sans doute un privilège est « accordé, dans l'intérêt public, à la publica- » tion des procédures judiciaires fidèlement » rapportées, quelque préjudiciable qu'il puisse » être aux intérêts privés. Que ce privilège se » perpétue ; l'avantage qui en résulte est étendu » et permanent, tandis que les inconvénients » en sont rares et limités ; mais un tel privilège » est refusé aux examens préliminaires, parce

» que le produit ne peut être qu'une prévention
» nuisible à celui que la loi considère encore
» comme innocent, et tend à corrompre les
» sources de la justice. Il est d'une grave im-
» portance pour nous tous, que rien n'altère l'é-
» quité qui doit présider aux délibérations ju-
» diciaires. Chacun de nous peut être appelé
» devant un tribunal pour défendre sa vie ou sa
» réputation, et là, nous devons désirer rencon-
» trer un jury de nos compatriotes, pur de pré-
» ventions. La sécurité serait sans fondement,
» si d'ingénieux artifices pouvaient s'exercer
» impunément sur l'esprit d'hommes qui doivent
» n'avoir pour moyens déterminants, que les
» particularités recueillies par leur propre pé-
» nétration, et pour guide que l'impulsion su-
» bite de la conscience. »

CHAPITRE XIII.

JUSTIFICATION D'UN MOTIF D'INTÉRÊT LÉGITIME.

Dans les deux dernières catégories , la présomption légale est décisive en faveur du défendeur. Il en est d'autres où le motif d'action n'étant pas aussi évidemment à l'abri du doute , n'a pas moins, aux yeux de la loi, un caractère extérieur qui oblige le plaignant à démontrer que le but était de nuire.

L'avantage de la présomption favorable est , à un dégré relatif, attaché à la qualité de celui qui réclame le droit d'intérêt équitable , soit à son propre escient, ou à l'égard d'un autre ; ainsi , il y a cause à présumer favorablement de l'intention des motifs , lorsqu'une personne poursuit ouvertement, suivant les formes usitées, des prétentions à une propriété ; lorsqu'un avocat soutient la cause de son client; lorsqu'un louable attachement porte à décéler l'auteur de rumeurs scandaleuses ; et , en général, lorsque le sentiment du devoir envers la société dicte des révélations, ou engage à publier des observations qui préjudicient aux intérêts de quelqu'un, telles que des renseignements défavorables sur un domestique, ou des réflexions critiques sur un livre, etc.

La nature et l'étendue de cette présomption sera considérée sur chacun de cés points, ainsi que sur les raisons qui peuvent l'atténuer.

Lorsqu'une personne prétend à un droit de propriété, au préjudice du propriétaire actuel, quoique la réclamation ne soit pas établie juridiquement, l'intention de nuire peut n'être pas inférée des expressions, ou verbales ou écrites, même en supposant le défaut de validité dans les prétentions. Cette exception est ainsi motivée par sir E. Coke. « Si une action juridique menaçait absolument celui qui, par des imputations, altère moralement le droit actuel à une propriété, comment le réclamant pourrait-il consulter même un avocat sur les moyens de soumettre ses prétentions à l'examen de la justice, sans craindre que ses discours ne fussent répréhensibles ? »

Dans la cause de Bannister, on décida que « signaler son spoliateur n'était pas motif à ac- » tion, à moins qu'on n'y ajoutât des imputa- » tions étrangères au fait, et propres à causer » un dommage spécial. »

S'il est dit : « N. a plus de droit à telle propriété que celui qui la possède, » lors même que l'assertion serait fondée, il y aurait cause à action pour dommage spécial ; parce que l'opinion affirmative n'est pas légitimée par un intérêt personnel.

Il a été soutenu que non-seulement la prétention au droit absolu sur une propriété , mais encore celle au droit temporaire , c'est-à-dire à l'usufruit ou à la jouissance par des titres concédés, était justifiable , même sans fondement substantiel. Ce raisonnement, étayé de quelques décisions , ne peut faire règle : en garantissant au réclamant la sécurité sur les conséquences d'une réclamation supposée faite avec le sentiment d'une conviction intime , on n'a pu vouloir y faire participer celui qui prétend posséder, en vertu de l'existence , d'un bail, d'un acte, d'un titre qu'il ne peut exhiber , et qu'il sait ne lui avoir pas été concédé.

Sir Gérard ayant acheté la terre de H. du lord Audley, voulut l'affermer à Egerton , pour vingt-deux ans. La femme de Dickenson , fermière alors exploitant, dit « qu'elle avait un bail pour quatre-vingt-dix ans, souscrit par l'aïeul du lord Audley , au profit de son mari , » ce qui engagea Egerton à rompre la transaction. Il fut décidé en référé que , si la défenderesse s'était attribué un droit personnel, quoiqu'il ne fût pas fondé , l'action ne serait pas admise ; mais qu'il y cause , puisque sur l'observation que le titre pouvait être faux , elle affirma sa validité , et détruisit le doute d'Egerton , en lui montrant un bail simulé.

Il résulte de cette décision que l'assertion extra-judiciaire, à l'insçu de la partie intéressée, d'un fait spécifique, caractérisant un droit qui lui est préjudiciable, ne peut être admise à justification.

Une telle ponctualité est requise dans l'expression, que pour avoir dit : « Je connais quelqu'un qui possède deux baux de la terre de N., et qui ne veut les transférer à aucun prix. » Malgré l'exhibition des baux, et quoique ce « quelqu'un » fût le défendeur lui-même, on maintint que le vice d'une expression, qui sans nécessité, préjudiciait extra-judiciairement aux intérêts d'un tiers, faisait perdre le droit à la justification.

On pourrait induire de la décision dans la cause de Dickenson, qu'une réclamation personnelle, générale ou partielle, à un titre, peut toujours être justifiable. Toutefois il faut entendre que si, afin de nuire, et sans aucune apparence de droit, on entravait la vente ou la location d'une propriété, il serait indifférent en principe, quelle nature de réclamation aurait été alléguée. La distinction établie dans cette décision, a depuis été matériellement contredite, et la règle la plus positive est celle-ci « *Quelle que soit l'espèce de prétention du défendeur, si l'intention de nuire est évidente, l'action est admise. Si au contraire une cause raisonnable à réclamation est démontrée, l'intention coupable ne doit pas être présumée.* »

Le premier juge Rolle a dit : « Si j'avais une apparence de droit à une propriété, et que je disse à un autre : « Mon droit est mieux fondé que le vôtre », je ne serais pas sujet à poursuites, quoiqu'en effet mon titre ne fût pas aussi bon que le sien. »

Dans une cause où un propriétaire avait empêché son locataire de céder le bail qu'il lui avait souscrit, en disant faussement qu'il n'avait pas de titre ; le lord Ellenboroug observa : « Les » considérations d'intérêt du défendeur peuvent » écarter l'idée d'intention méchante, mais c'est » un point sur lequel le jury doit prononcer. »

Un avocat répandit des doutes sur la légalité de la vente d'un immeuble, en disant que « le défendeur avait failli, et qu'il avait été nommé une commission pour liquider ses affaires. » Sur le point de droit à action, il fut argué avec succès, que pour fonder les poursuites, il fallait qu'il y eût intention de nuire explicite ou implicite ; que si le défendeur, agissant *bond fide*, avait dit la vérité, il n'avait pas été au-delà de son ministère comme conseil ; que si par des arrangements subits, la banqueroute n'avait pas été confirmée légalement, le fait matériel n'était pas moins constant; et que d'ailleurs cette différence n'était pas de nature à altérer le droit à la propriété, ni à empêcher la consommation de la vente.

Ainsi, une personne agissant *ex professo* a droit aux avantages de la présomption favorable, en raison de son caractère et des intérêts qui lui sont confiés, jusqu'à ce qu'il y ait preuve d'intention méchante.

Dans une cause où un avocat avait dit d'un témoin, « il a été accusé et convaincu de félonie » il fut maintenu « qu'un avocat jouissait du privilége de faire valoir tout ce que lui indiquait son client, lorsque ces renseignements concernaient la cause ; qu'aucune considération personnelle ne l'obligeait à s'assurer de la vérité des faits; que la partie, en lui fournissant des observations, se rendait seule responsable de leur exactitude ; que développer tous les moyens de son client, faisait partie des devoirs d'un avocat, et qu'il pouvait être pris à partie pour en avoir dissimulé aucuns, jugés essentiels ; que cependant il devenait responsable des allégations étrangères à la cause, et devait discerner celles dont le seul effet était de nuire; qu'en diffamant sans nécessité, il donnait contre lui cause à action, s'il ne prouvait la vérité de ses imputations ; que tout ce qui pouvait tendre à détruire la confiance dans la déposition d'un témoin, était justifiable, pourvu qu'il y eût connexion avec la cause, et que l'avocat eût reçu les renseignements de son client; qu'enfin, dans la cause en question, il y avait motif d'intérêt légitime de montrer la partie comme une personne flétrie par un jugement infamant, afin d'atténuer le crédit qu'elle prétendait usurper. »

Coke cite un cas dans lequel un ministre prit pour texte de son sermon une histoire du Martyrologe, où certain Greenwood était représenté comme un parjure, sur lequel Dieu avait appesanti sa vengeance; et ce Greenwood, qui se reconnut au portrait, était alors parmi les auditeurs. L'action fut admise sur l'imputation de parjure, et le premier juge Wray, en résumant les débats, observa au jury : « que l'application » n'était pas directe : que l'on ne pouvait dis- » tinguer évidemment l'intention de diffamer ; » et qu'en jugeant sur l'intention, il fallait avoir » égard aux fonctions évangéliques qui autori- » sent à employer l'apologue, pour instruire les » hommes par des exemples. »

Ces deux cas déterminent d'une manière pré- cise les égards accordés aux fonctions qui ont pour objet de défendre et d'éclairer les hommes. Le premier surtout établit clairement les limites du droit accordé à l'avocat agissant profession- nellement.

Lorsque les faits sont relatifs à la cause, et indiqués par le client, la présomption légale est que l'avocat ne les développe que dans l'intérêt de celui qu'il défend. S'il s'écarte de la cause et s'il abuse de sa condition pour répandre l'injure sans aucun motif d'utilité, ou si, entraîné par le dessein de servir sa cause, il allègue des faits qui ne lui ont pas été rapportés par celui de qui seul il doit recevoir des informations, alors il cesse d'être abrité par le privilège, et doit répondre comme tout autre pour les fausses inculpations qu'il a volontairement publiées.

Claridge, en sa profession d'avocat, écrivit au chef d'une maison de banque, des détails qui imputaient au plaignant certains dérèglements de conduite susceptibles d'affecter les affaires confiées à ses soins par cette maison. Les débats montrèrent que la lettre était une communication confidentielle, et que lui Claridge se trouvait *intéressé* dans les affaires désignées par le plaignant. A ce sujet le lord Ellenborough dit : « Si la lettre a été écrite confidentiellement, et » avec l'idée que l'assertion était vraie, mon » opinion est que l'action ne peut être mainte- » nue. Comment prononcer, sans preuve, que » le défendeur a méchamment publié un libelle » pour nuire au plaignant, lorsqu'il est apparent » qu'il agissait *bonâ fide*, pour ses *propres inté-*

» *réts*, et dans l'intention d'être utile à ceux à
» qui il s'adressait! Si une telle communication,
» qui ne paraît pas avoir été faite avec le dessein
» qu'elle s'étendît au-delà de ceux immédiate-
» ment *intéressés*, est l'objet d'une action pour
» dommages, j'ignore comment il sera possible
» de se conduire dans les relations sociales. »
Le lord cita un cas semblable, où une lettre confidentielle avait été écrite à l'évêque de Durham,
contre son intendant, et où le juge opina que
l'action n'était pas soutenable. L'avocat de Claridge mit fin aux débats en déclarant que son
client mieux informé se rétractait formellement.
Il y eut compromis sans jugement.

Dans la cause citée par lord Ellenborough,
on décida que lorsque la personne à laquelle la
communication était faite, avait un intérêt direct
à l'information, l'action ne devait pas être admise sans preuve d'intention méchante.

Dunman achetait la bierre qu'il revendait aux
cabaretiers. Il obtint un crédit chez Brigg, sous
la caution de Leigh, qui pria Brigg de l'informer
si Dunman remplissait ses engagements avec exactitude. Un jour Brigg vint chez Leigh, et lui
parla de manière à faire perdre à Dunman la
confiance de sa caution, qui se trouvait alors ga-
rante d'une somme déjà dûe. A ce sujet lord
Ellenborough dit : «Je penche à croire que cette

» communication est une de celles privilégiées.
» Si Brigg avait usé du même langage envers tout
» autre, il serait coupable; mais Leigh était cau-
» tion, et Brigg avait promis de l'informer de ce
» qui lui serait dû; il avait donc le droit de lui
» dire ce qu'il pensait de Dunman dans sa con-
» duite envers lui; et en supposant même que
» ses observations fussent exagérées ou fausses,
» lui seul peut savoir s'il les a communiquées
» avec l'intention de nuire à Dunman. Sans doute
» il ne pouvait légalement, sous prétexte d'une
» communication confidentielle, détruire la ré-
» putation de Dunman, et nuire à son crédit; mais
» ce serait détruire indirectement la confiance
» nécessaire dans les relations commerciales, que
» de confondre les réflexions dictées par l'obli-
» geance avec le scandale conçu par la mali-
» gnité. Dans ce cas, il paraît que la colère à
» fait proférer à Brigg des expressions incon-
» sidérées; et c'est au jury à décider si les mots
» ont été employés avec l'intention méchante de
» diffamer le plaignant, ou dans le dessein loua-
» ble de communiquer des faits à celui qui était
» intéressé à les connaître. » Les parties n'atten-
» dirent pas le jugement, et en référèrent à des
» arbitres.

CHAPITRE XIV.

JUSTIFICATION DU OUÏ-DIRE.

CELUI qui transmet le scandale, peut justifier du oui-dire, si au moment où il le divulgue, il indique son auteur.

Ce moyen de défense, est cependant susceptible d'être annullé, par la preuve que le propagateur connaissait la fausseté de l'imputation, lorsqu'il l'a communiquée.

La doctrine de justification du oui-dire prit, dans la cause du comte de Northampton, une forme régulière qui se développa subséquemment. On y décida que si A. disait à B., n'avez-vous pas entendu dire que C. était coupable de trahison? Il y aurait propagation de scandale.

Ultérieurement on décida que si J. S. publiait qu'il a entendu N. dire que G. était un voleur, il serait admis à justifier du rapport; mais qu'en rapportant généralement et sans nommer personne, qu'il a entendu dire, que G. était un voleur, il y aurait cause à action contre lui, parce qu'il a effectué le mal sans offrir en même temps le moyen de le réparer par des poursuites juridiques contre l'auteur de l'imputation.

On observe avec raison qu'un ivrogne , un étourdi , un homme insignifiant, peut proférer une injure sans que les conséquences en soient dangereuses , tandis que si ces mêmes injures sont répétées, en omettant d'indiquer leur source, par quelqu'un dont le caractère est recommandable , elles acquièrent un tout autre degré de probabilité , et participent de la confiance dont ce personnage jouit dans le monde.

Le point en considération est de donner à la personne offensée un moyen d'obtenir la réparation du dommage qu'elle a éprouvé , et ce moyen se trouve dans l'indication du propagateur antérieur. Si cette indication est vague , dénuée de preuves, et sans effet légal , elle ne peut être admise en justification.

Le défendeur dit au plaignant : « On m'avait assuré que vous étiez enfui ». Dans sa défense, il allégua qu'un certain Morris lui avait raconté ce fait. Le premier juge Kennyon, observa : « En jugeant ce cas, ou d'après les autorités, ou » suivant la raison , la justification ne peut être » admise. La décision, dont la cause du comte » de Northampton a été le sujet, est précise et » doit être observée. Si une personne dit que » telle autre, en la signalant, lui a communiqué » une imputation diffamatoire , et qu'en effet » cette communication ait été faite, il existe du

» moins un moyen de réparation, dont peut se
» servir celui qui est offensé ; mais s'il ne lui est
» offert qu'un pronom général ou une désigna-
» tion imaginaire, la responsabilité retombe
» toute entière sur le dernier propagateur.
» On prétend qu'il suffit, pour éluder l'effet des
» poursuites, de nommer ici celui de qui on a
» reçu la communication : il est alors trop tard
» pour en faire un point de justification. Après
» avoir causé au plaignant du trouble et de la
» dépense pour amener devant la justice le cou-
» pable qu'il connaît, on ne peut le rejeter dans
» de nouveaux frais et dans de nouveaux trou-
» bles, pour convaincre un autre fauteur, qui
» pourrait interminablement le renvoyer à un
» précédent. Si l'indication précise du propaga-
» teur antérieur, n'est pas délivrée à la personne
» injuriée au moment où l'injure lui est com-
» muniquée, elle a le droit d'imputer le scandale
» à celui d'où il sort immédiatement. La raison
» est d'accord avec les autorités sur ce point : il
» est juste que celui qui répand le scandale,
» et qui se rend volontairement le complice d'un
» tort, soit préparé à en garantir la réparation,
» ou dans sa personne, ou dans celle de tout
» autre coupable. »

Postérieurement, un défendeur avait dit du
plaignant : « Sa réputation est infâme ; il serait un

déshonneur pour la société qui l'accueillerait.
La délicatese m'empêche de l'accuser juridiquement, mais c'est un garçon de neuf ans qui s'est
plaint à moi de ses turpitudes. » Dans la défense ,
il offrit de justifier du jeune enfant qui lui avait
adressé ses plaintes , relativement à des tentatives de sodomie. La cour observa en référé
« que les mots scandaleux ne pouvaient être
» justifiés par le motif du ouï-dire , qu'en nom-
» mant le diffamateur au moment de la publi-
» cation de l'offense ; que le but des réglements
» était que la personne injuriée eût un moyen
» certain, et non de recours éventuel , pour
» obtenir la réparation du dommage ; qu'il était
» trop tard pour mettre en cause le jeune
» enfant comme partie principale ; que le droit
» à la justification , dans le cas de rapports scan-
» daleux, n'avait d'autre fondement que le motif
» d'intérêt envers l'offensé, démontré par une
» franche coopération aux poursuites en répa-
» ration. »

Celui qui transmet la diffamation, doit rendre
les mêmes expressions qui lui ont été communiquées, afin que la déclaration, où elles doivent
être relatées exactement, ne soit pas démentie
par les dépositions des témoins appelés au procès. Ainsi, à moins que la diffamation, dans les
expressions littérales qui la composent, n'ait été

reconnue judiciairement comme le fait d'une autre personne, le plaignant ne peut être considéré comme pourvu des moyens d'obtenir réparation, autrement qu'envers le propagateur immédiat.

Le défendeur, dans sa défense écrite, ajouta aux expressions qu'il disait avoir entendues d'un autre : « ou mots impliquant la même idée. » Le plaignant s'opposa à ce que cette justification fût admise, et la cour prononça « que, pour être admis à justifier de la pureté de ses » intentions dans la divulgation d'un scandale, » en nommant son auteur, il faut en même temps » établir le sujet de manière à donner cause à » action contre la partie nommée. Qu'ici il est » seulement dit qu'il a été proféré « tels mots, » impliquant telle idée, » ce qui n'équivaut pas » à une affirmation claire et positive des propres » expressions ; que la déposition du défendeur » étant trop vague, ne peut faire obtenir au » plaignant la réparation qu'il a droit d'espérer » en invoquant les lois. »

Les règles légales, ressortant de ces décisions, sont *qu'il n'y a pas cause à action contre une personne qui répète la diffamation qui lui a été communiquée, lorsqu'en même temps elle donne le nom de son auteur, et les mots identiques qui fondent les poursuites en réparation.*

Ce principe doit être observé, puisqu'il est

admis comme légal. Toutefois il n'est pas exempt de ces préjudices qui se retrouvent dans toutes les règles générales. Suffit-il de livrer aux tribunaux l'auteur de la diffamation, pour effacer le mal que l'on a fait en propageant le scandale? si les qualités nuisibles de la diffamation, sont plutôt dans le caractère du propagateur que dans la source qui les a produites, aura-t-on atteint le but que se propose la justice, en laissant le méchant jouir impunément du mal qu'il a causé? Si le droit à la réparation est nul par l'indigence de l'auteur du scandale, faut-il que celui qui n'était pas privé de discernement et de discrétion lorsqu'il le répandait à dessein de nuire, ne coopère en rien à la réparation du tort effectif qu'il a commis par son propre fait?

Il a été fréquemment observé que, pour constituer un motif à action, il faut qu'un *dommage* ait été éprouvé par l'effet d'un *tort* caractérisé comme tel par la loi. Il est difficile de déterminer si c'est faute de l'une ou de l'autre, ou de ces deux conditions, que la justification en question est admise. Probablement on considère que celui qui livre à la partie injuriée l'auteur de l'injure, agit par un motif d'intérêt amical, qui fonde, *primâ facie*, la présomption légale en sa faveur.

Il est impossible de porter plus loin le principe de disculpation que d'admettre qu'une per-

(163)

Sonne qui répète la diffamation inventée ou répandue par un autre, le fait à dessein de fournir
à l'offensé le moyen d'obtenir réparation, et
qu'il est, par ce fait, à l'abri des poursuites :
mais ni ce principe ni aucuns *précédents* n'autorisent la promulgation d'un rapport que l'on sait
n'être pas fondé, et cet acte impliquant l'intention, peut, s'il cause un dommage, fournir un
juste motif à action. Il semble en outre, que si
le défendeur donne par la forme d'expression un
caractère plus prononcé au scandale, ou en
étend l'effet par l'impression, l'écrit ou les emblêmes, il perd ses droits à la présomption de
bienveillance qui légalisait la justification.

Une des conséquences de la règle générale,
est que, pour jouir du droit de justification, celui
qui dénonce le scandale à la personne intéressée
doit mentionner, dans l'ordre successif, les
noms de ceux qui l'ont propagé antérieurement,
s'ils sont parvenus à sa connaissance. Par exemple
si A. invente la cause du scandale et la commu-
nique à B. qui la transmet à C., par lequel elle
parvient à D., ce dernier doit dénommer C., B.
et A., s'ils lui ont été indiqués ; parce que, s'il
mentionnait seulement C., et que celui-ci prouvât qu'il a nommé son auteur B. à D., l'action
serait nulle contre C., et les poursuites s'exer-
ceraient contre D., comme garant immédiat.

On doit classer dans ce chapitre tous les cas dans lesquels l'affection porte un homme à censurer les vices, ou réels ou imaginaires, de celui qu'il désire ramener à ses devoirs, soit en lui adressant directement des reproches, ou en informant de ses torts ceux qui ont des droits sur lui, afin de le contraindre à mieux se conduire. Ces actes d'amitié ne peuvent, sans aucun doute, être considérés comme diffamatoires, mais sous le point de vue de légalité, ils sont susceptibles d'être attribués à l'intention de nuire, cachée sous les dehors de la bienveillance.

CHAPITRE XV.

JUSTIFICATION DES RAISONS D'UTILITÉ.

Les avantages de la présomption favorable s'étendent sur tous ceux qui exercent un des devoirs exigés par l'intérêt de la société.

Lorsqu'un maître donne des renseignements sur la conduite d'un domestique, il est présumé qu'il agit sans intention méchante, jusqu'à ce que le contraire soit prouvé.

Hawkins fut renvoyé par son maître, M. Weatherstone, et se présenta chez M. Rogers pour être employé comme domestique. M. Rogers alla aux informations chez M. Weatherstone qui les donna défavorables. Pour justifier sa conduite, M. Weatherstone écrivit une lettre à Collier, parent de Hawkins, où il lui raconta tous les griefs, parmi lesquels étaient mentionnées diverses sortes de tromperies. A ce sujet lord Mansfield s'exprima ainsi : « J'ai déjà » soutenu qu'un domestique ne pouvait pour- » suivre son précédent maître pour les infor- » mations données sur sa conduite. Le s règles » générales sont véritablement telles que l'avocat

» du plaignant les a établies ; cependant il faut
» distinguer que, pour un libelle, on doit
» quelquefois admettre la justification, ou né-
» cessaire ou implicite, suivant la circonstance ;
» ainsi ce qui est publication dans le sens abs-
» trait, peut ne l'être pas occasionnellement,
» comme par exemple, tout ce qui est lu dans
» une procédure judiciaire. Les mots aussi
» peuvent être justifiés eu égard au sujet qui les
» nécessite, ou à d'autres circonstances. Dans
» le cas actuel le plaignant ne démontre pas que
» les mots ont été *faussement* et *méchamment*
» exprimés, et ils paraissent n'avoir été provo-
» qués que par l'incidence d'une sollicitation
» directe faite par Rogers à l'effet d'obtenir de
» vrais et sûrs renseignements du défendeur.
» Quant à la lettre elle a été écrite à un parent
» du plaignant non avec l'intention de nuire,
» mais comme une explication donnée à dessein
» d'éviter des poursuites judiciaires. » Le juge
Buller observa : « Il existe ici exception à la
» règle générale, fondée sur le motif qui a fait
» écrire la lettre. Le plaignant doit prouver *la*
» *fausseté* de son contenu, et s'il ne peut rendre
» évident que les mots sont *méchants*, aussi
» bien que *faux*, il n'y a pas cause à action ». Le
jugement fut rendu en faveur du défendeur.

M. Clifton, sans en donner de raisons, renvoya Rogers son domestique, et refusa de lui payer le mois que l'usage accorde réciproquement pour donner le temps de se pourvoir. Rogers s'adressa au magistrat, et ce mois lui fut payé. M. Clifton, mécontent, raconta le fait, à sa manière, à M. Holland, le précédent maître de Rogers, et le disposa à considérer celui-ci comme un mauvais sujet. Rogers se présenta pour une place chez M. Hand, qui prit des informations de M. Clifton et en reçut une lettre contenant les griefs ci-dessus, et de plus que Rogers était impertinent, paresseux et d'un mauvais caractère. M. Hand refusa d'employer Rogers ; alors celui-ci poursuivit M. Clifton, et le jury lui alloua vingt livres sterlings de dommages. Avant de prononcer le jugement, le premier juge, lord Alvanley, dit : « S'il était entendu » qu'un maître, en donnant des informations dé- » favorables sur le domestique qui a quitté son » service, doit être contraint à prouver les par- » ticularités qu'il a relatées, il faudrait s'attendre » que, pour éviter des poursuites désagréables, » le maître donnerait ces informations tellement » avantageuses ou insignifiantes, que l'on ne » pourrait plus compter sur ces sortes d'en- » quêtes, qui sont cependant nécessaires. Il n'est » pas douteux que le maître qui a répondu d'une » manière quelconque aux informations qui lui

» ont été faites, ne peut être tenu à donner la
» preuve de ses assertions : c'est au domestique
» à prouver qu'elles sont *fausses*, *méchantes* et
» *diffamatoires*. Dans le présent cas, on n'aper-
» çoit rien qui justifie M. Clifton d'avoir été sans
» nécessité dénigrer le plaignant chez M. Hol-
» land ». Le juge Roock ajouta : « Il doit être
» entendu qu'un maître a le droit, soit *sur de-*
» *mande* ou *sans demande*, de donner les ren-
» seignements que sa conscience lui dicte, sur
» la conduite de son domestique; et il ne peut
» être interpellé pour ce qu'il aura dit. ». Le
même juge ajouta encore : « Un maître n'a pas à
» craindre des poursuites pour ce qu'il dit de
» ses serviteurs lorsqu'il est en colère ». Le
juge Chambre référa à cette décision du lord
Mansfield : « Lorsqu'une personne qui veut
» prendre un domestique s'adresse à son précé-
» dent maître pour des informations, le maître
» n'est pas tenu de prouver la vérité de ses allé-
» gations; mais s'il ne lui est rien demandé, et
» qu'il fasse usage d'expressions injurieuses, il
» doit justifier de la vérité de ses assertions ».
Il fut alloué 20 liv. sterl. à Rogers.

Il ressort de ces décisions, qu'*un domestique,*
en exerçant des poursuites pour diffamation
envers son précédent maître, doit prouver la
malignité d'intention.

Suivant lord Mansfield, un maître qui, sans y être engagé par une demande, nuit à son domestique en flétrissant sa réputation, doit justifier de la vérité. Le juge Rooke a exprimé une opinion différente ; mais il doit être hors de doute qu'un zèle injurieux manifesté sans autre motif que l'envie de décrier, est une juste cause à action.

Il a été décidé par le lord Alvanley, qu'un domestique, sachant les renseignements que son maître a l'intention de donner sur sa conduite, s'il envoyait près de lui aux informations à dessein de trouver cause à poursuites, n'aurait pas droit à action.

Ainsi en général, lorsque la publication est faite dans les intérêts de la société, et non pour satisfaire le ressentiment, elle est légitimée par le privilége de présomption favorable.

Un Français s'était enrôlé dans un corps de volontaires dont le défendeur faisait partie. Ce dernier représenta au comité d'enrôlement que ce Français avait figuré d'une manière odieuse dans les troubles révolutionnaires en France, etc., et le fit rejeter. Lord Ellenborough observa à ce sujet « que la communication avait été faite » seulement aux officiers qui composaient le » comité, et qu'il était louable d'avoir soumis » à leur considération le danger d'admettre

» un homme qui, indépendamment de son ca-
» ractère privé, était sujet d'une puissance
» ennemie ».

Johnson renvoya Evans sa servante, en l'accusant de l'avoir trompé : une querelle s'éleva ; le
constable vint, et Johnson lui répéta son accusation. Lord Eldon dit : « Les mots étant adressés
» au constable doivent être considérés comme
» faisant partie des poursuites judiciaires : quel-
» qu'outrageants qu'ils puissent être, on ne peut
» les admettre comme scandaleux. D'après
» les circonstances, on doit présumer que le
» défendeur exprimait ce qu'il croyait être la
» vérité, puisqu'il témoignait l'intention de pro-
» céder juridiquement. Ce serait s'opposer à
» l'accomplissement du *devoir* qui porte à signa-
» ler le crime, et agir contre l'*intérêt public*,
» que de détourner un homme des voies légales
» qu'il emploie à l'effet d'obtenir le redressement
» d'un tort, en lui faisant craindre des poursuites
» pour scandale dans le simple exposé des griefs ».

Cette décision du lord Eldon est en faveur de
la présomption préalable, mais elle n'exclut pas
la preuve d'intention, qui pourrait se trouver dans
la connaissance qu'avait le diffamateur de la fausseté de l'imputation.

Smith battit Hodgkins sur un chemin public. Ce
dernier trouvant un constable, le requit d'arrêter

Smith. Le constable s'y refusa, à moins qu'il n'y eût accusation de félonie, et Smith proféra cette accusation, sachant qu'elle n'était pas fondée, et seulement pour satisfaire son ressentiment. L'action fut admise.

Si un vol a été commis, la communication du *soupçon* n'est pas privilégiée, à moins qu'elle ne soit faite par les voies légales.

On doit ranger dans cette classe de communication les écrits dont l'objet avoué est de discuter, dans l'intérêt du public, le mérite des productions littéraires. Les auteurs de ces écrits, en éclairant sur les faux principes et en frappant sur le mauvais goût, remplissent un devoir qui présente autant de difficulté que d'importance. En retour, ils jouissent du privilége de présomption favorable, et ils peuvent exercer sans limite le pouvoir du raisonnement, de l'instruction et de l'esprit, s'ils ne s'étendent pas au-delà de l'objet abandonné à leur discrétion, qui est seulement et exclusivement le mérite de l'ouvrage, dégagé de tous rapports avec l'auteur, vu dans sa vie privée, dans son caractère, dans sa situation ou dans le reste de ses actions.

Sir John déclara qu'il était auteur de plusieurs ouvrages, etc.; que le défendeur avait publié contre lui un libelle ayant pour titre : *mon Porte-feuille*, etc.; que ce libelle contenait une cari-

cature où il était représenté d'une manière ridicule, etc. : la preuve du dommage s'établissait
sur le refus fait par un libraire de lui acheter
un manuscrit dont il offrait 600 liv. sterl. avant
la publication de ce pamphlet.

Lord Ellenborough, dans le cours des débats,
fit connaître que si le livre se bornait à ridiculiser le plaignant *comme auteur*, il ne concevait
pas qu'il pût y avoir cause à action.

L'avocat du plaignant admit que son client,
en se présentant comme auteur, se soumettait à
la critique de ceux qui étaient disposés à contester le mérite de ses ouvrages ; que toutefois
l'objet de la critique était d'éclairer le public et
de le mettre en garde contre les effets supposés
dangereux de l'écrit qui lui était soumis, et non
de blesser la sensibilité ni de détruire les espérances d'un individu ; qu'en allouant la liberté
d'analyser les productions littéraires et d'indiquer leurs défauts, il devait être entendu qu'il
était un libelliste, celui dont le seul but était de
livrer un auteur au ridicule et au mépris ; qu'un
homme affligé d'une loupe n'aurait sans doute
pas sujet de blâmer l'anatomiste qui en ferait la
description et indiquerait les moyens de la dissoudre, mais qu'il aurait un juste droit à poursuivre celui qui prendrait occasion de cette infir-
mité pour le rendre ridicule, et surtout qui ferait

de lui une caricature en frontispice d'un livre ;
que l'intention du défendeur était évidemment
d'outrer le ridicule pour empêcher la vente des
ouvrages du plaignant, et conséquemment pour
le ruiner comme auteur ; que dans la cause de
Tabart, sa seigneurie avait condamné comme
libelle une publication bien moins préjudiciable
que celle en question.

Lord Ellenborough répondit : « Dans le cas de
» Tabart, le défendeur avait accusé le plaignant
» d'une publication imaginaire : ici le prétendu
» libelle a seulement attaqué les ouvrages dont
» sir John Carr est l'auteur avoué ; et un écrivain,
» en indiquant les erreurs et les extravagances
» d'un autre, peut employer le ridicule, quelque
» mortifiant qu'il soit pour l'amour-propre de
» celui qui en est l'objet. Le ridicule est sou-
» vent la seule arme qui peut être employée
» pour rendre la correction efficace. Si la ré-
» putation ou les intérêts de la personne ridicu-
» lisée en souffrent, c'est *damnum absque in-*
» *juriâ.* Où est la liberté de la presse si des
» poursuites sont encouragées sur de tels motifs !
» Peut-être l'ouvrage du plaignant ne trouvera-
» t-il plus maintenant d'acheteurs ; mais doit-il
» en être indemnisé par celui qui a ouvert les
» yeux du public sur la fadeur et le vague de
» ses conceptions ? Qui aurait acheté les œuvres

» de sir Robert Filmer après la réfutation de
» Locke ? Dira-t-on qu'une action en diffama-
» tion aurait dû être dirigée contre ce grand
» philosophe qui n'avait en vue que le bien de
» l'humanité ? Il est inutile d'accumuler des ré-
» flexions pour appeler l'intérêt sur les auteurs
» et sur leurs ouvrages : ils sont soumis à la cri-
» tique, et même au ridicule, suivant ce qu'ils
» en inspirent à celui qui s'en occupe ; autre-
» ment le premier qui composerait un livre
» s'attribuerait le monopole du sentiment et de
» l'opinion sur le sujet qu'il aurait traité, et ce
» serait perpétuer l'erreur. Les attaques contre
» le caractère personnel sont un autre objet,
» montrez-moi aucune atteinte susceptible de
» donner une mauvaise idée du plaignant, sous
» tout autre rapport que celui d'auteur, et vous
» me verrez aussi ardent pour le protéger que
» tout autre juge qui ait jamais siégé en cette
» place ; mais je ne puis trouver une intention
» méchante où il n'existe que le simple ridi-
» cule ».

Après les débats, le lord ajouta : « Tout homme
» qui publie un ouvrage se livre lui-même au
» jugement du public, et chaque individu peut
» commenter l'œuvre à sa manière. Si le com-
» mentateur ne sort pas du sujet et ne crée rien
» d'imaginaire pour y trouver des motifs de

» réprobation, il exerce un droit légitime ; s'en
» est-il écarté pour suivre l'auteur dans sa vie
» privée et censurer ses actions, alors il existe
» libelle. Aucun mot sur ce dernier point n'a été
» produit, et même la caricature ne représente
» le plaiguant que dans sa situation comme au-
» teur du livre qui est l'objet du ridicule. Les
» œuvres du plaignant peuvent être d'un grand
» intérèt, mais quel que soit leur mérite, tous
» ont le droit de les juger, de les censurer, de
» les ridiculiser. La critique sévère rend un
» grand service au public en frappant sur ces
» compositions insipides qui pullulent en dépit
» du goût et du bon sens ; elle contient le dé-
» bordement de ces écrits pitoyables qui sem-
» blent faits à dessein d'insulter l'intelligence
» humaine ; et elle empèche le public de pro-
» diguer son temps et son argent pour des futi-
» lités. J'entends ici la critique exercée avec
» candeur ; et celle-là, tous ont le droit de la
» publier malgré la perte que certains auteurs
» doivent en éprouver. Cette perte n'est pas
» considérée par la loi comme un dommage,
» parce qu'elle est la conséquence naturelle de
» la qualité intrinsèque d'un objet sans valeur :
» c'est une perte de profit et de réputation sur
» lesquéls il n'existe qu'un droit d'usurpation.
» La liberté de la presse est menacée chaque

» fois que de telles attaques se renouvellent :
» nous devons les repousser avec vigueur, et
» nous devons soutenir une critique libérale
» toutes les fois qu'elle sera menacée dans ses
» justes droits ».

Le lord s'adressa ainsi au jury : « Si l'auteur
» de la publication dont il est question ne s'est
» pas écarté de l'ouvrage qu'il critiquait, avec
» l'intention de nuire par la diffamation, la plainte
» doit être rejetée ; mais s'il se découvre aucune
» *personnalité scandaleuse* contre le plaignant,
» qui ne soit pas relative à l'écrit soumis au ju-
» gement du public, il est juste de pourvoir à la
» réparation en allouant des dommages ». Il fut
jugé en faveur du défendeur.

Voici en substance la cause de Tabart, citée
précédemment dans un écrit périodique sous le
titre du « Satyrique ». Tipper insinuait que le
plaignant, exerçant le commerce de librairie,
vendait des ouvrages immoraux. Sur une question d'impropriété de témoignage, le lord Ellenborough observa « Le point à distinguer est, si le
» défendeur avait l'intention de servir le public
» ou de nuire au plaignant. Pour s'en assurer il
» est nécessaire d'entendre toutes les déposi-
» tions : le plaignant doit démontrer la malignité
» d'intention dans le défendeur, et celui-ci a
» pour tâche de prouver le contraire. La liberté

» de la critique doit exister , ou nous n'aurons
» de pureté ni dans la morale ni dans le goût :
» la discussion sert à la vérité de l'histoire comme
» au progrès des sciences. Je ne puis considé-
» rer comme libelle une publication qui a pour
» objet, non de nuire à la réputation d'un indi-
» vidu, mais de rétablir des faits faussement
» représentés , de réfuter des sophismes, de cor-
» riger la dépravation du goût, et de repousser
» les attaques contre la morale ». Il paraissait
dans la cause que le libelliste imputait faussement
au plaignant la publication de certains vers répréhensibles dont on donnait l'idée en forme
d'imitation. Le lord Ellenborough observa au
jury qu'il y avait tort grave d'attribuer faussement à un libraire la vente d'un poème , travesti
dans un prétendu essai, parce que l'effet évident était de lui nuire dans son commerce.

Dans la cause d'Herriot contre Stuart, il fut
maintenu que d'insérer dans un journal qu'une
autre feuille était « la plus vulgaire, la plus insipide de toutes les feuilles, etc. », n'était pas
actionnable ; mais qu'ajouter que c'était la feuille
la moins en circulation, donnait cause à poursuites , parce que le profit résultant de l'insertion
des avertissements pouvait en souffrir.

Dibdin intenta une action contre Bostock ,
pour avoir publié dans un journal « qu'il n'avait

pas composé les chansons données comme
siennes sur un théâtre public ; que les repré-
sentations étaient pitoyables et n'obtenaient d'ap-
plaudissements que des personnes payées à cet
effet ». Lord Kennyon observa : « L'éditeur d'un
» journal peut exercer sa critique sur une re-
» présentation théâtrale, s'il le fait candidement
» et sans intention de nuire au propriétaire en
» indisposant le public. S'il agit ainsi, quelque
» sévère que soit sa censure, il est à l'abri
» de toute repréhension légale ; mais s'il est
» prouvé qu'il a agi méchamment par un exposé
» évidemment faux, alors c'est un libelliste ».

CHAPITRE XVI.

ABSENCE DE JUSTIFICATION.

Lorsque la situation de l'individu, ou l'occasion de la communication, n'est pas un motif qui détruit ou atténue la présomption d'intention coupable, dans des allégations préjudiciables aux intérêts individuels, la simple acception des mots constituant la seule circonstance d'où peut être inféré le motif de celui qui les a employés, il est de nécessité absolue que la loi cherche la volonté de commettre le tort dans les signes extérieurs qui la caractérisent ; et en l'absence d'une cause justifiable, elle doit présumer l'intention par les moyens qui l'indiquent.

Cette présomption n'est toutefois qu'une règle de principe qui veut que l'intention soit inférée de l'acte. Le but du défendeur est d'atténuer l'induction en expliquant l'acte, et en démontrant que le dessein de nuire n'existait pas réellement.

Un plaignant poursuivit un de ses camarades pour avoir dit de lui : « Il m'est revenu qu'il avait été pendu pour avoir volé un cheval ».

Lors des débats, il apparut clairement que ces mots avaient été proférés avec une expression visible d'intérêt en faveur du plaignant, qui ne laissait aucun doute sur l'honnêteté des sentiments du défendeur. Il fut absous sur le point d'intention.

Dans une cause, le lord Kennyon observa : « Pour constituer un libelle, *l'esprit doit être* » *coupable* et montrer l'intention de nuire. S'il » y a *inadvertance*, il n'y a pás libelle ; mais » lorsqu'une publication préjudiciable *n'est pas* » *expliquée* favorablement par des *démonstra-* » *tions convaincantes*, alors le jury doit juger » d'après l'acte extérieur ; et quand la publica- » tion est injurieuse, il doit en induire que l'in- » tention était méchante ».

L'indifférence pour les affections ou les intérêts d'autrui équivaut, dans de certains cas, à la méchanceté, aussi bien légalement que moralement : ainsi le libelliste ne trouverait aucune indulgence s'il arguait pour moyen de défense qu'il était égaré par un libertinage d'esprit. Un écrivain célèbre a dit : « le tort fait à la réputation de quelqu'un, n'est nullement calculé sur la disposition d'esprit de celui qui l'a commis. Il serait tout aussi raisonnable de prétendre qu'on n'est pas assassin lorsqu'on tue un homme pour se procurer du plaisir, que d'affirmer qu'il n'y a pas de culpabilité à détruire la réputation d'autrui, lorsque le seul motif est de s'amuser. »

Si un libelle est fait contre un individu, sans intention de le rendre public, et que, par accident ou par négligence, il soit publié, celui qui l'a composé est passible des conséquences, et ne peut arguer d'inadvertance. D'abord il avait commis un tort moral en le composant ; et, pour éviter un tort légal, il devait, en anéantissant les conceptions d'une imagination coupable, se garder de soumettre la réputation d'un autre à des chances qu'il lui était impossible de régler. Dans ce cas, il supporterait certainement la réparation civile, qui ne peut être éludée que par la justification d'un motif légitime; mais la partie publique lui remettrait probablement la peine, s'il était évident que la publication n'eût pas été l'effet de sa volonté.

Le principe légal sur lequel est fondée la responsabilité, a été ainsi clairement établi par Buller : « Tout homme doit prendre un soin raisonnable pour ne pas nuire à un autre. S'il arrive que quelqu'un éprouve un dommage par la faute d'un autre, quoiqu'il n'y ait pas volonté manifeste, l'absence d'intention méchante n'est pas un motif légal d'absolution ; et si une perte est éprouvée par l'effet de la *négligence* ou de *l'étourderie*, la loi autorise une action pour le dommage résultant du fait dont on ne distingue que les caractères extérieurs ».

Ce principe est applicable à tous les cas où une publication nuisible procède d'une indiscrète propension à la raillerie. La morale peut admettre qu'au moment où le mal s'effectuait, aucune intention perverse n'avait calculé les pernicieux effets du scandale ; mais la loi est plus sévère : elle voit le tort effectif dans l'acte dont les suites imprévues n'ont pas eu pour cause justifiée, des considérations reconnues légitimes ; et elle veut que les conséquences soient supportées, plutôt par celui qui a fait choix d'un mode d'amusement contraire aux convenances sociales, que par la partie souffrante dont il a fait le plastron de ses traits envenimés.

CHAPITRE XVII.

PROCÉDURE.

Après avoir ainsi établi la théorie du *dommage* et caractérisé le *tort*, j'indiquerai lés formes judiciaires qui préparent la détermination sur ces deux points, pour arriver au dernier, qui est la *réparation*.

En parlant des formes judiciaires, je n'entends pas celles de pratique, fondées sur d'anciens usages, maintenues par l'habitude, et indépendantes de toute doctrine dont le bien essentiel est la base. Je cherche des règles de principes légalisées, non par l'antiquité des coutumes, mais par l'opinion éclairée du magistrat.

Dans l'action pour diffamation, le droit à caution n'est pas prescrit; le dommage étant incertain, aucune donnée exacte ne peut régler le cautionnement, et la discrétion du juge y supplée par l'examen de toutes les circonstances relatées dans la déclaration du plaignant.

Lorsque le défendeur plaide la justification, l'action est instruite et jugée par le tribunal dans le ressort duquel l'offense imputée a été commise.

Plusieurs peuvent se joindre dans la plainte, si leurs intérêts collectifs sont compromis par l'injure, comme le feraient des associés pour leurs affaires de commerce, ou des co-propriétaires pour le préjudice éprouvé dans la possession. L'indivisibilité des intérêts est la considération qui fonde la faculté de se conjoindre dans les poursuites. Pour une imputation injurieuse dirigée sur plusieurs personnes, chacune d'elles doit poursuivre isolément, parce que les effets de l'injure peuvent différer, suivant les personnes, dans diverses parties de l'action.

La conjonction relative des intérêts, entre le mari et l'épouse, offre trois situations distinctes, dans le cas d'imputations injurieuses dirigées sur la femme,

1° Lorsque les mots ne sont pas actionnables en eux-mêmes, le mari doit prouver le dommage qu'il en a éprouvé. — Pour avoir dit : « c'est une maquerelle », le mari obtint des dommages à cause de la perte de ses pratiques ;

2° Lorsque les mots sont actionnables sans preuve de dommage spécial. — La femme se joint au mari dans les poursuites, parce que l'outrage, en préjudiciant aux intérêts réunis des deux, affecte en outre sa personne ;

3° Lorsque les mots sont actionnables par la preuve d'un dommage commun. — Dans ce cas, comme il n'existe qu'une perte déterminée, sans danger personnel, le mari poursuit seul au nom des intérêts conjoints.

Quand le tort est commis par plusieurs, le plaignant peut poursuivre par une seule action collective; mais le tort doit être *un* dans le sens absolu, tel qu'un libelle ou une déclaration judiciaire, signée de plusieurs. Les mêmes expressions, proférées par diverses personnes, sont des actes séparés entre lesquels il peut se rencontrer des considérations propres à atténuer ou à aggraver le caractère moral du tort; conséquemment les poursuites doivent être individuelles.

CHAPITRE XVIII.

JURY ET JUGES.

Prononcer sur le tort, est l'acte du jury : il peut estimer le dommage, ou en abandonner l'évaluation à la discrétion des juges.

Composé d'hommes pris dans la classe des parties, familier avec leur langage, leurs manières, leurs habitudes, le jury saisit toutes les nuances locales, il se place dans toutes les situations, il s'identifie avec tous les individus. Un jury peut seul discerner la vérité à travers ces locutions bizarres, ces dictons populaires, ces allusions malignes qu'il entend répéter à chaque instant : sa perspicacité, son ingénuité, peuvent seules distinguer le tort réel, et calculer ses effets probables, en matière de diffamation.

Déterminer la nature du tort, éclairer le jury, appliquer les réglements, et prononcer la réparation, est l'acte du juge.

Sévère dispensateur de la justice, le juge en prononce les décrets avec impassibilité. L'individu n'est à ses yeux qu'une abstraction ; les lois, les règles, les formes, tracent ses devoirs et règlent sa conscience. Attaché à l'étude depuis ses jeunes années, puisant sa doctrine chez les savants, courbé sous le poids de la méditation, il porte dans le monde des regards distraits, une vertu rigide, et cette froide gravité qui repousse la familiarité à l'aide de laquelle l'observateur découvre les divers liens sociaux. Tel est l'homme chargé de réprimer la licence ; l'austérité de ses principes garantit un fidèle interprète des lois ; mais il est inhabile à prononcer sur le point de fait, parce qu'il ne peut en saisir toutes les coïncidences.

Ce n'est pas dans les livres que l'on doit chercher la nature et les effets de la diffamation ; c'est dans le commerce de la vie, la vivacité des épanchements, les rivalités d'intérêt, la rupture d'une longue affection, l'aigreur de la jalousie, les machinations de l'envie, la confiance trompée, les singularités de caractère, l'irritation de l'orgueil ; c'est enfin dans le mouvement varié des passions qu'offre l'étude pratique d'un monde où des scènes bizarres se reproduisent sans cesse sous toutes les formes.

Plus un homme possèdera de ces qualités estimées nécessaires pour former un juge accompli, et moins il sera propre à décider la question du tort ; c'est un point dont les données ne se trouvent que dans la situation précise où les parties sont placées. Pour juger ce point, l'instruction acquise dans les universités est toujours superflue et souvent nuisible : l'esprit s'y nourrit de ces principes d'équité absolue, calculés géométriquement sur les convenances d'un état de société parfait. Rien n'est concédé aux passions, à l'irritabilité nerveuse, aux contrariétés de tous les instants ; on veut ce qui est méthodiquement bien ; on voit le préjudice dans l'acte isolé, sans considérer ses effets sur l'ensemble ; on punit le mal sans avoir égard au bien qui le compense ; le Droit est la ligne fixe, la suivre est de rigueur, en dévier est un tort.

Voilà les règles spéculatives qui constituent l'ordre parfait : maintenant, portez vos regards sur la vie pratique ; voyez l'homme jeté dans le monde ; il se débat contre toutes les prétentions, contre tous les événements, contre lui-même. Forcé d'abandonner la ligne trop étroite de ses droits chimériques, il se résigne, s'assouplit, et s'accoutume enfin aux chocs qu'il ne peut éviter.

Apprécier jusqu'à quel degré ces chocs sont supportables dans la vie sociale, est l'attribut naturel du juré, de l'homme qui a les mêmes rapports, qui éprouve les mêmes sensations, qui sent la nécessité de sacrifier une portion du droit absolu pour conserver ses droits relatifs. Au milieu des débats d'une cause pour diffamation, il se retrouve dans un cercle qu'il parcourt sans cesse ; il peut juger pertinemment, la raison d'instinct le guide ; il revoit une des scènes qui se reproduisent tous les jours à ses yeux ; déjà il l'a jugée vingt fois par les seules règles du bon sens ; l'opinion de ses voisins est encore présente à son esprit ; infailliblement vous trouverez en lui un concours de lumières en proportion exacte avec le sujet soumis à son jugement.

Cet homme peut-il être justement remplacé par celui qui, dégagé de soins minutieux, sort de son cabinet où règne l'ordre et le calme, passe dans ses appartements où il trouve les signes d'un humble respect, monte dans sa voiture, en sort gravement, et s'achemine ensuite avec dignité vers le lieu où il devient le juge de ses semblables, de ses semblables qu'il ne connaît pas, et à qui il ne peut ni ne doit ressembler ? Les passions de cet homme vénérable sont amorties par les leçons de la morale, par les maximes de la piété, par l'exercice de la vertu ; il ne fait que ce qui est éminemment juste ; la nécessité ne le soumet à rien de dégradant ; il est civil, doux, humain, charitable ; il est enfin ce que doit être le magistrat chargé du maintien des mœurs et de la conservation de l'ordre. C'est précisément parce qu'il est supérieur au commun de ses semblables, qu'il ne peut être apte à les juger dans leur contact mutuel. Il est l'homme de la société, mais il ne saurait être l'homme des parties ; la connaissance du point où l'intérêt particulier s'unit à l'intérêt public, lui appartient ; mais la connaissance du point d'union entre un individu et tel autre doit lui être étrangère,

C'est lorsque les paroles, les signes ou l'écrit concernent toute la société et peuvent y répandre le scandale, que par sa position il se rapproche davantage de l'intelligence du fait ; et même encore alors il ne peut juger que d'après les principes d'ordre social, qui ne sont qu'une partie, tandis qu'il faut considérer conjointement l'action, l'intention, l'état moral, les intérêts de l'accusé, qui sont l'autre partie. Alors encore c'est à un jury, mais à un jury spécial (1), qu'il faut abandonner le point de fait : détermi-

____

(1) *Spécial Jury*. — Lorsqu'une cause présente des détails particuliers à certaine profession, sur la demande de l'une des parties, le tribunal ordonne qu'un jury spécial sera nommé. Au jour indiqué, le magistrat, en présence de l'avocat de chaque partie, extrait à tour de rôle, quarante-huit noms de la liste générale des jurés, sur lesquels chacun des avocats peut en récuser douze, celui du plaignant commençant le premier. Le jury spécial est composé de douze de ces vingt-quatre jurés. Les causes pour libelle sont du nombre de celles qui sont soumises à un jury spécial.

ner la nature du tort et influencer le jury en l'éclairant, sont déjà des moyens assez puissants contre l'accusé, s'il n'est pas rassuré par l'intégrité du juge.

Ce raisonnement peut n'être pas exempt d'erreurs; néanmoins, avant de le rejeter, il est nécessaire de peser ce qui va suivre.

Les Anglais distinguent dans la nature matérielle et morale de l'homme, la versatilité, l'incohérence, le changement; la seule immutabilité concevable, ils la trouvent dans les institutions. C'est sous la sauve-garde des institutions que sont placés leurs droits sociaux, leur bien le plus cher, tout ce qu'ils prisent essentiellement, *la liberté*. Confiants dans la certitude de retrouver ce patrimoine toujours intact, chacun d'eux s'élance dans l'arène et poursuit à sa manière l'inconstante fortune.

En cherchant à gravir au sommet de la roue, aucun ne se fait scrupule d'écarter adroitement le concurrent qui s'oppose à sa marche ; mais il se garde bien d'altérer le droit, de détériorer le patrimoine commun où, malgré toutes les vicissitudes éventuelles, il est certain de retrouver toujours la dignité civile dans le calme de la vie privée.

Le rempart des institutions offre un asyle sûr et toujours ouvert à l'ambition trompée : le ministre disgracié s'y réfugie ; il se retranche derrière le droit que sa politique prévoyante a su respecter dans l'exercice du pouvoir, et sous cet abri il invoque l'opinion, il est encore une puissance. Il ne craint pas la proscription, les cachots, la hache, comme suite nécessaire de la défaite de son parti : les institutions le garantissent de tous les coups qui ne seront pas dirigés au nom du bien public, dans toute la pureté d'acception qui convient à ce mot sacré.

La principale de ces institutions est le jugement par jurés : c'est elle qui protège une sage liberté dans la communication de la pensée; c'est elle qui brise les chaînes forgées par l'oppression.

L'homme qui se dit dévoué à un ministre, l'homme qui attend des honneurs ou de l'argent pour prix de sa complaisance, l'homme qui sert d'instrument à la puissance ombrageuse, cet homme est attaché au ministère ; il ne connaît que la source où il puise, et sourit au gardien, quel qu'il soit. La veille il aurait frappé par ordre du ministre, le lendemain il frappera l'ex-ministre par ordre de son successeur; or si cet homme est magistrat et s'il a la faculté de juger la question du tort, existera-t-il une garantie rassurante ? la liberté ne sera-t-elle pas un droit illusoire ?

Les Anglais peuvent se tromper , mais ils pensent qu'un ministre serait maladroit s'il préparait l'arme avec laquelle son successeur pourra frapper lui et ceux qui sont attachés à ses principes ; c'est pourquoi aucun ministre , afin de jouir de la satisfaction temporaire de sacrifier impunément ses adversaires , ne s'est encore avisé de briser la seule barrière contre laquelle doivent se perdre les coups de ses ennemis, s'il rentre dans la vie privée ; et il est présumable que ce motif , dédaigné ailleurs par la folle présomption , contribuera à perpétuer l'institution du jury en matière de diffamation et de scandale. Le juré n'est pas la créature du ministre ni le satellite du ministère ; il est l'homme de la chose, et sur le banc où il devient puissance , on peut l'influencer , mais nullement le corrompre.

CHAPITRE XIX.

LOIS.

La loi fondamentale est ainsi conçue : « Lorsqu'un homme aura éprouvé une perte temporelle ou un dommage, par le tort d'un autre,
il aura droit a des poursuites en réparation. »
C'est dans cette loi générale, applicable à toute
espèce de *torts*, que se trouve la garantie
contre des imputations flétrissantes. Il n'existe
aucune loi particulière contre le libelle et la diffamation, excepté pour les cas de *scandalum
magnatum*.

On trouve des statuts réglementaires relatifs
aux frais judiciaires et à la prescription de la
plainte, mais la loi précitée est l'unique fondement de la jurisprudence anglaise en matière de
tort effectué par la communication de la pensée.
Sur ce seul principe, les cours de justice ont,
depuis plus de deux siècles, prononcé des décisions qui, sous le titre de *précédents*, ont
servi d'autorité aux temps ultérieurs. Le premier
juge Holt dit : « En cas de doute, la prudence
» me porte à observer les *précédents*, surtout
» s'ils sont établis par des hommes dont la sagesse

» a été consacrée par le temps »; et aucun juge ne s'écarte de cette règle sans exposer les motifs qui l'y déterminent.

Le texte et l'esprit de la loi fondamentale ont bien toujours été le principe de ces *précédents,* mais le mode d'application a quelquefois varié. L'intention des juges qui se sont succédé était constamment que la réparation fût le remède de l'offense, et néanmoins certains juges se montrèrent disposés à accueillir les plaintes pour imputations offensantes, tandis que d'autres les repoussaient avec sévérité.

De la première à la cinquième année du règne d'Edouard III, il n'y eut que trois exemples de poursuites pour des mots scandaleux; sous le règne d'Elisabeth, les procédures pour des mots exprimant une imputation de crime, augmentèrent rapidement, et la cause en est attribuée à l'encouragement progressif qu'elles trouvèrent dans les cours de justice.

Deux inconvénients semblent avoir causé cette fluctuation dans l'esprit des juges; d'une part, la crainte de fortifier le penchant à la chicane, en favorisant ces sortes de poursuites, et d'autre part le désordre qu'engendre la violence à laquelle se livre celui qui, ne pouvant obtenir justice devant le magistrat, s'abandonne à la vengeance. De la prépondérance accordée à l'une ou à l'autre de ces considérations, résultait plus ou moins de rigidité dans les décisions des tribunaux.

Le juge Wray dit : « Quoique la diffama-
» tion et les fausses inculpations doivent être
» réprimées, parce que souvent *à verbis ad*
» *verbera proventum est*, néanmoins les juges
» ont décidé que les poursuites pour scandale
» ne seront pas admises dans toute l'étendue
» d'induction donnée aux expressions. En gé-
» néral les procédures pour imputations inju-
» rieuses ne seront pas favorablement accueil-
» lies, parce que maintenant elles se multiplient
» beaucoup plus que dans les temps antérieurs,
» et la méchanceté des hommes s'en accroît, *et*
» *malitiis hominum est obviandum ;* dans nos
» livres, *actiones pro scandalis sunt rarissimæ,*
» et celles-là ont pour motif un scandale de
» grande importance. »

Le juge Coke dit que « c'était l'opinion du
» juge Holt de soumettre les mots à des pour-
» suites, quand ils avaient pour effet de ternir
» la réputation de la personne à qui ils étaient
» appliqués ; que c'était aussi celles des juges
» Hale et Twisden, et qu'il les considérait
» comme de fort bonnes règles. »

Telles sont les plus anciennes décisions. Quant à celles qui sont ultérieures, elles ont un caractère plus régulier, et forment une espèce de code généralement observé dans les cours de justice dont les attributions sont de déterminer la réparation d'une perte temporelle.

La loi, en se bornant à prononcer que la perte résultant d'un tort doit être réparée par celui qui l'a commis, autorisait implicitement ses interprètes à chercher les moyens de déterminer ce tort. Ils ont établi comme règle que, dans certains cas spéciaux, le dommage serait *présumé*, et que, dans tous les autres, il serait *prouvé*.

Le motif d'une procédure pour langage, écrits ou signes diffamatoires, est la tendance des imputations à causer un dommage à la personne contre qui elles sont dirigées. Lorsque le tort est ainsi effectué, les preuves ou la présomption ne sont plus que des moyens pour arriver au but indiqué par la loi, qui est la réparation ; et ces moyens pouvaient, sans danger pour les intérêts de la communauté, être abandonnés à la sagesse des magistrats. Des règles calculées sur la nature des différents cas, adoptées avec réserve, et maintenues par la seule puissance de la justice, pouvaient suppléer à des lois où peut-être l'incorrection du texte, commenté avec subtilité, aurait souvent détruit l'esprit d'équité qui les avait établies. Le sens altéré eût été un droit invoqué par la chicane, tandis que les *précédents*, sans force légale pour le plaideur, sont une lumière dont la discrétion du juge fait usage dans l'exercice de ses fonctions.

Ces règles ont d'abord distingué sommairement les cas où la présomption tiendrait lieu de preuves, puis elles se sont étendues successivement jusqu'à classer les diverses imputations, d'après leurs rapports les plus déliés avec les divers cas généraux. Toutes celles qui n'offraient pas un caractère de gravité suffisant pour exiger une réparation immédiate par approximation idéale, furent soumises à la preuve du dommage spécial, et formèrent une classe particulière.

C'est ainsi que les caractères du tort ont été déterminés par des règles qui ne laissent plus d'incertitude sur la manière de l'apprécier.

On ne peut se dissimuler que l'aigreur, le ressentiment et la mauvaise foi ne soient souvent les agents des procédures en matière de diffamation : ces agents ont pour auxiliaires, et quelquefois pour moteurs, des conseillers intéressés qui fondent leur revenu sur les égarements de l'humanité. C'est pour empêcher qu'un propos vague ou inconsidéré ne fasse le profit du méchant, que, dans un grand nombre de cas, les juges exigent l'exhibition des preuves du dommage spécial et de l'intention de nuire. Les difficultés qui se rencontrent dans la recherche de ces preuves sont un frein qui arrête sur le seuil du tribunal celui qui n'est pas certain de paraître pur d'intention aux yeux d'un jury impartial, éclairé par des juges impassibles.

Aujourd'hui la matière de la diffamation et du scandale est étudiée avec fruit dans les écoles, expliquée avec sagacité dans les décisions des juges, et appréciée par une longue pratique; et pourtant aujourd'hui on n'est nullement disposé à en étendre la législation positive. On paraît s'être fait un point de doctrine de ne pas circonscrire légalement son immense étendue ; on paraît résolu à la suivre dans ses sentiers tortueux, dans ses écarts imprévus, par des règles assez mobiles pour que la subtilité trouve un obstacle à ses fins dans la décision du moment. Des lois sur l'application de la loi fondamentale offriraient dans chacun des mots dont elles seraient composées, un nouveau multiple de chicane pour celui qui cherche le trouble par penchant ou par intérêt, et elles seraient bien loin d'augmenter la sécurité de l'homme paisible, qui trouve un abri suffisant dans l'exécution de principes simples, incontestables et immuables. Celui-ci abandonne volontiers l'examen et l'application des conséquences à la sagacité d'arbitres désintéressés, tandis que l'autre voudrait trouver dans chaque point de loi un cercle magique qui cachât ses intentions au regard pénétrant du juge, et un principe formel qui forçât ce juge à prononcer contre l'évidence.

Lorsqu'un homme se présente devant les tribunaux comme objet d'intérêt pour un tort qu'il a éprouvé, il a le droit d'invoquer la loi pour la réparation du tort, et il a aussi le droit d'exiger l'attention sur la plainte. Le devoir du jury est de prononcer sur le fait du tort, et le devoir du juge est d'en déterminer les caractères. De cet exercice du droit et de ce réglement d'attributions, il doit résulter un arrêt qui décide une question encore douteuse ; or c'est aux jurés et aux juges seulement à sentir s'ils sont suffisamment instruits sur tous les points, et la loi n'a pu indiquer, d'une manière absolue, comment ils pouvaient l'être. Le plaignant doit convaincre ou persuader ; s'il n'a pas la possibilité de parvenir à l'un par des preuves matérielles, il ne peut prétendre à l'autre que par des raisons morales et faciles à saisir ; or, pour apprécier ces raisons, le juge est libre de consulter les règles de conscience de ceux qui l'ont précédé.

Jusqu'à présent les règles établies par les cours de justice, et notamment par certains magistrats, ont été respectées autant à cause de la haute opinion de lumières et d'intégrité qui était attachée aux noms de leurs auteurs, que par la solidité des raisons qui motivaient la nécessité de ne pas augmenter inutilement la législation ; mais fût-il reconnu que les *précédents* n'étaient que des instruments créés par l'arbitraire, façonnés par le caprice et dirigés par l'iniquité, il faudrait croire alors que la faute a sa source ailleurs que dans la composition naturelle du cœur humain, et ne pas en induire que la lettre de la loi est une sécurité sans la vertu du juge. Dans un état où la force est la justice, et la justice la liberté, on peut abandonner sans crainte le rempart des lois écrites pour se remettre à la discrétion de magistrats que l'opinion peut hautement honorer ou flétrir par l'examen de leurs actions.

CHAPITRE XX.

PLAINTE.

La plainte, ou déclaration, doit contenir l'exposé des faits qui la fondent, exprimé en termes techniques et précis, afin qu'ils soient bien conçus de la partie tenue d'y répondre, du jury qui en apprécie l'exactitude, et des juges qui appliquent la loi.

Une fausse idée des formes porte souvent le plaignant à établir comme préliminaire, l'éloge pompeux de son caractère. Ce panégyrique est au moins superflu : la justice ne recherche que des faits, et pour elle la question est toute entière dans la communication, sa cause et ses effets.

Strätchley vantant ainsi sa réputation, inspira au défendeur le dessein de plaider sur ce point. Un autre se plaignant d'un libelle qui lui imputait des principes séditieux, affirmait sa fidélité inébranlable, dans l'inutile préface de sa déclaration ; lorsque les débats eurent montré qu'il avait déjà été condamné pour un libelle séditieux, le premier juge indigné lui reprocha l'impropriété et l'absurdité d'un tel préambule.

Toutes les allégations contenues dans la plainte peuvent être soumises à la preuve ; or en la rédigeant il est moins nécessaire d'avoir de l'amour propre , que d'être circonspect.

L'intelligence doit se borner à établir d'une manière claire et précise les deux points suivants, qui sont les seuls en considération comme fondement d'une plainte en diffamation.

1° Le tort commis par le défendeur.

2° Le dommage éprouvé par le plaignant.

Le tort doit se trouver dans la publication , l'expression, l'application et l'intention.

Assertion de publication. — La publication doit être mentionnée sous ce nom dans la plainte, comme fait matériel qui se démontre par son existence, sans qu'il y ait nécessité de rechercher ses caractères dans le mode.

Dans une cause en appel , il fut argué que la déclaration portait que le défendeur avait *imprimé* et *inséré* le libelle dans un journal, sans exprimer qu'il l'avait *publié*. La cour, en confirmant le jugement, observa « qu'il existe divers » modes de publication , et que tout terme tech- » nique, impliquant l'acte , est admis légalement » comme indicatif, sauf à décider par le jury » si le fait de publication est suffisamment cons- » taté ; qu'imprimer un libelle peut n'être qu'un » acte innocent, d'après l'exposé des circons-

» tances atténuantes, mais qu'avant l'évidence il
» est, *primâ facie*, consideré comme publica-
» tion, à cause de l'intervention présumée né-
» cessaire, d'un compositeur et d'autres ouvriers ;
» que le mot *inséré*, en parlant d'un journal,
» établit implicitement la publication. « Il est à
observer que cette décision était en appel, et
qu'il était pris en considération, que le fait de
publication avait déjà été déterminé par le jury.
En *référé* la déclaration aurait sans doute été
trouvée défectueuse, parce qu'un homme peut
imprimer et *insérer*, sans l'aide d'aucun autre,
et alors il n'est pas condamnable sur le point de
publication.

Le mot *publié* est le terme technique en matière de libelle, sans égard pour le mode : il suffit d'avoir prêté intentionnellement son assistance,
et s'être volontairement rendu l'instrument de la
publication, pour être légalement poursuivi en
réparation du tort.

En matière de diffamation par le moyen de la
parole, la communication faite en présence de
plusieurs personnes établit la publication, et il
est présupposé que les personnes présentes ont
entendu les mots, à moins que le contraire ne
soit prouvé.

Il serait cependant insuffisant de déclarer que
les mots ont été proférés devant plusieurs, si la

déclaration n'invoquait le témoignage d'une personne indiquée, qui pût constater les propres
expressions, dont s'est servi le défendeur.

Si les mots sont d'une langue étrangère, il
est nécessaire de déclarer que les auditeurs com-
prenaient cette langue. La même formalité est requise pour le dialecte particulier à une province.
En général la communication ne peut être avérée
que dans le cas où il est possible qu'elle ait été
entendue et comprise.

Assertion d'expression. — Les mots ou signes sont nuisibles, ou par le sens naturel, ou
par allusion ; il est donc nécessaire d'établir
comment le sens naturel est nuisible au plaignant,
ou comment l'allusion se rapporte à des faits où
ce sens est impliqué d'une manière infamante.

Depuis long-temps il est maintenu que la déclaration doit contenir les mêmes mots publiés,
et ils ne peuvent être remplacés, ni par le sens
qu'ils présentent, ni par d'autres mots équivalents.

On prétendait autrefois que les mots pouvaient
être traduits en latin, et l'opinion du premier
juge Holt était : « que la différence causée par
la traduction, si elle ne changeait pas le sens ,
était insignifiante.» Cette doctrine n'a pas prévalu.

Dans la cause de Zénobio, le jugement fut
refusé, parce qu'un libelle publié en français
n'avait pas été présenté en cette langue, mais

seulement traduit : le lord Kennyon prononça,
« que les mots devaient être rendus littéralement
» dans la langue originale, avec une traduction
» exacte comprenant toutes les inductions. »

Dans la cause de Drake, le premier juge Holt
dit : « Un libelle peut être désigné d'après le sens,
» ou d'après les mots ; ainsi une déclaration est
» valable, si elle contient la description, le
» sens ou la substance du libelle, et il suffit que
» *certains mots indiqués soient prouvés.* »

Dans une autre cause les mots étaient déclarés
ad tenorem et effectum sequentem, et le jugement fut *arrêté* parce que les mots n'étaient pas
indiqués littéralement.

Dans la cause de Bear l'accusation était « pour
avoir composé, écrit et réuni plusieurs libelles
*in uno quorum continetur inter alia juxta teno-
rem et ad effectum sequentem,* » et les mots
étaient ensuite relatés.

Dans une autre cause, après l'indication des
mots, on avait ajouté, *continetur ad tenorem
et ad effectum sequentem* Il fut décidé que par
ad effectum sequentem, il n'aurait pas été entendu que les mots étaient identiques.

Il est maintenu que les mots qui caractérisent
essentiellement l'offense verbale ou écrite, doivent être rapportés littéralement dans la déclaration.

La déclaration portait qu'il avait été dit d'un régisseur : « C'est un coquin ; si je lui avais *donné* vingt pour cent, il m'aurait passé mon mémoire. » Le premier témoin déposa qu'il avait été dit : « *alloué* » et le second « *déduit*. » Le lord Ellenborough dit : « Les mots pour être actionnables » ne doivent présenter aucune équivoque et l'évi- » dence doit les *prouver* tels qu'ils sont *indiqués*. » Ici la preuve ne confirme pas la déclaration : « si je lui avais donné » fait entendre que ç'aurait » été pour lui-même, au détriment de son com- » mettant, tandis que les mots *alloué* ou *déduit* » font concevoir que la somme retirée du mé- » moire aurait été le profit du maître ; ce qui fait » une différence absolue. »

La différence par addition, omission ou subs- titution, entre les mots déclarés et ceux prouvés, peut annuller l'action.

Il n'est pas nécessaire que tous les mots soient prouvés, mais seulement ceux qui caractérisent essentiellement l'offense.

Il était déclaré, « c'est un déterminé voleur. » Le jury n'admit pas que le superlatif « déter- miné » avait été proferé, mais il prononça sur le reste de l'imputation en faveur du plaignant.

Lorsqu'un dommage spécial est la cause de l'ac- tion, il suffit de démontrer que la perte est l'effet de certains mots indiqués dans la déclaration.

Si l'imputation n'est intelligible que par l'assemblage de plusieurs mots, ils doivent être tous déclarés et prouvés.

La déclaration portait : « Il vend son charbon un scheling le boisseau pour empocher l'argent et faire banqueroute, afin de frustrer ses créanciers; » les mots « et faire banqueroute » n'étant pas prouvés, l'action fut annullée.

La différence par omission est sans considération, lorsque les mots essentiels sont déclarés. Si les mots omis atténuaient l'offense, l'action serait nulle.

Les mêmes règles s'appliquent au libelle.

Lorsque l'imputation injurieuse est exprimée par le sens naturel des mots, il est inutile de relater les circonstances auxquelles ces mots se réfèrent.

Quand l'imputation est positive, il est indifférent, pour fonder l'action, qu'elle soit vraie ou fausse ; c'est au défendeur à prouver la vérité dans sa défense, et non au plaignant à la nier ou à en convenir par anticipation.

Si quelqu'un dit : « Voilà l'homme qui a tué mon mari, » il est inutile d'avérer la mort du mari, cette mort étant affirmée par l'imputation.

Le défendeur dit au plaignant : « Tu as donné neuf livres st. à N., pour prêter un faux serment à la cour de chancellerie, et tu l'as payé pour faire un faux contrat. » Il fut argué que la déclaration ne mentionnait aucun procès où N. eût pu se parjurer, ni quel contrat fondait l'imputation de faux. La cour décida « que le plaignant » ne pouvait être tenu à indiquer le fondement » des imputations injurieuses qui lui étaient » adressées ; que s'il existait des causes ailleurs » que dans l'imagination du diffamateur, c'était » lui seul qui était intéressé à en faire connaître la » validité par la justification ; qu'une imputation » était naturellement considérée comme impos- » ture jusqu'à ce que les faits fussent prouvés ; » que lorsque l'imputation se trouvait explicite- » ment, dans le sens ordinaire des mots, il était » superflu, pour le plaignant, d'en rechercher » ailleurs l'intelligence. »

Ces règles régissent maintenant les décisions, sur le point de légalité, dans les formes de la déclaration. Mais autrefois la subtilité éludait l'expiation du tort en arguant de l'inconvenance d'allouer des dommages pour la réparation des effets d'une imputation qui n'attirait aucun danger sur le plaignant ; puisque l'acte attribué était sans fondement matériel ou admissible.

Il était dit : « Tu es celui qui a tué le domestique de M. Sydenham. » L'action fut rejetée, parce qu'il n'était pas avéré dans la déclaration

14

qu'aucun des domestiques de M. Sydenham eût été tué.

Il etait dit : « Tu es aussi audacieux voleur qu'aucun en Angleterre. » L'action fut rejetée, parce qu'il n'était pas avéré dans la déclaration qu'il existât aucun voleur en Angleterre.

Depuis long-temps cette ridicule manière d'argumenter a cessé de prévaloir.

Assertion d'application. — La déclaration doit établir la connexion entre les mots injurieux et le plaignant, lorsqu'intrinséquement ils sont actionnables : s'ils ne sont offensants que par allusion, elle doit indiquer les circonstances *nécessaires* pour en donner l'intelligence.

Autrefois l'usage était de rapporter entièrement la conversation dans laquelle l'imputation se trouvait comprise, ce qui s'appelait « établir le colloque, » afin de distinguer la nature du tort par toutes les circonstances qui l'avaient manifesté. Cet usage est restreint : ou se borne à rapporter la partie du colloque qui montre que l'imputation s'appliquait à la personne du plaignant.

Si les mots indicatifs de l'imputation étaient « ton frère, » « son fils. » Il fallait prouver que la relation existait réellement entre celui à qui le discours était adressé, et celui de qui il était parlé.

Il était dit : « Vas trouver mon propriétaire, et dis-lui qu'il est un voleur. » Le jugement fut arrêté, parce qu'il n'avait pas été avéré que le plaignant était le propriétaire, quoique tout démontrât l'intention de diriger l'imputation contre sa personne.

Ces exemples ne font plus autorité, et il suffit de démontrer que les mots sont applicables au plaignant. L'exactitude de l'application est ensuite, comme partie de la question du tort, abandonnée à la sagacité du jury.

Lorsque l'offense résulte de circonstances extérieures, il est nécessaire d'indiquer le rapport qui existe entre ces circonstances, l'imputation, et le plaignant, afin d'éclairer le jury sur la certitude de l'application.

La forme usitée est d'établir dans la plainte, 1° les circonstances auxquelles il est fait allusion, et qui rendent l'imputation répréhensible ; 2° la partie du colloque qui indique l'application de ces circonstances à la personne du plaignant ; 3° les inductions particulières en forme d'explication.

Ainsi composée, la déclaration forme un exposé complet qui présente au jury toute la question du tort, sur laquelle il doit porter un jugement ; et elle aide bien mieux à l'intelligence qu'un colloque dans lequel il faut chercher l'offense,

l'explication, et la gravité, à travers l'incohérence des expressions et le vague des idées.

Le colloque était : « Tu es un ivrogne, un
âne, tu n'as jamais étudié, et tu n'es pas digne
de parler à uu homme instruit. » Ces imperti-
nences qui, en général, ne sout pas cause à
action, devinrent une offense susceptible de réparation, par l'application à un médecin, expliquée dans la déclaration.

Généralement, lorsque les allusions caractérisent l'offense, le plaignant doit expliquer leur
rapport avec les mots proférés.

L'induction est ainsi définie : « Une exposition qui explique l'idée du diffamateur par le
sujet auquel elle s'applique, » son unique objet
est de donner l'intelligence exacte des allusions,
et nullement de les interpréter.

Par exemple pour ces mots, « tu t'es parjuré ; » il y aurait imputation d'offense capitale,
s'il était question d'un faux serment devant un
tribunal ; autrement ce serait le simple reproche
d'une faute morale. Si par induction il était
ajouté, « entendu comme s'il était dit « *commis
devant une cour de justice*, » le jury aurait à
prononcer sur un point de loi qui est dans les
attributions du juge ; savoir « si le parjure exprimé d'une manière générale, doit être entendu
comme parjure criminel. »

Dans la cause de Horne, le premier juge, Grey, dit : « Lorsqu'un libelle ne contient pas
» en lui-même l'imputation, et qu'il est fait
» allusion à des circonstances extérieures, il est
» nécessaire qu'il en soit fait mention dans la
» plainte, en forme d'exposition, si c'est un su-
» jet incorporé à l'action ; ou en forme d'induc-
» tion, si c'est seulement l'explication de cer-
» tains détails. L'exposition comprend toutes les
» parties dans leur ensemble, et l'induction
» signifie simplement, « *id est*, » « *scilicet*, »
» « signifiant, » « susdit, » et n'est pas l'expli-
» cation d'un sujet déjà indiqué. »

C'est par la distribution convenable de l'ex-position et de l'induction, qu'en matière de li-belle le sens caché est mis à découvert, et que le jury peut prononcer sur le point de fait, en laissant le point de loi à décider aux juges.

Dans la cause de Clerk, l'exposition indiqua l'application de certaine histoire de Perse à des faits concernant la famille royale, et l'induction expliqua le nom de *Merewits* comme signifiant le roi, etc.

Dans la cause de Francklin, l'induction mon-trait que le mot « ministres » signifiait « ministres du roi d'Angleterre. »

Dans une cause où il était dit : « Il n'est pas probable que la guerre se termine avec la

France, à moins que le petit gentilhomme, (induction, le prince de Galles), ne soit restauré dans ses justes droits. » La cour adopta l'induction.

Assertion d'intention. — Puisque l'intention est un caractère du tort, elle doit être mentionnée dans la déclaration, *machinans pejora dixit.* La forme l'exige plutôt que l'utilité ; l'intention est un objet de discernement et non de démonstration. Le jury la cherche dans le fait et ses circonstances : tout ce qui est allégué sur ce point dans la plainte, est pour lui sans valeur.

Dommage. — Lorsque les mots sont actionnables par la nature de l'imputation qu'ils expriment, la perte éprouvée par le plaignant est, ainsi qu'il a été expliqué, une simple conjecture approximative. Cependant le dommage se spécifie dans la déclaration comme point en considération.

Lorsque le dommage est spécial, il doit être détaillé avec plus de précision, puisque les preuves produites en évidence ne sont que le développement de la déclaration. D'ailleurs le défendeur en prenant connaissance de la plainte, a besoin d'être informé des prétentions qui sont formées, afin de se préparer à y répondre.

Dire que la diffamation a fait perdre *plusieurs* pratiques, sans les nommer, n'est pas assez précis.

En alléguant que le dommage consiste dans la rupture d'un projet de mariage, il est nécessaire d'indiquer la personne.

Si le dommage résulte d'un préjudice au droit de propriété, il faut mentionner sommairement la nature de ce préjudice, soit dans la vente ou dans la location de l'immeuble.

Le desservant d'une chapelle ayant perdu sa congrégation par l'effet de la diffamation, les juges ne l'obligèrent pas à nommer ceux dont il était le pasteur et qui lui avaient retiré leur confiance; l'évaluation fut établie sur la perte de l'emploi et des émoluments qu'il procurait.

CHAPITRE XXI.

DÉFENSE.

Le défendeur doit signifier s'il se propose de plaider généralement ou spécialement. Par la défense générale, il se donne la faculté de répondre à tel point de la plainte qu'il lui convient, au moment des débats.

La prescription et la justification de la vérité, se plaident spécialement ; dans le dernier cas le défendeur déclare préalablement la nature et les circonstances de l'accusation qu'il entend former, afin que le plaignant, devenu alors défendeur, puisse être préparé à lui répondre.

Les statuts de Jacques I⁰ʳ fixent le terme de prescription à deux ans pour les mots actionnables sans preuve de dommage spécial. Pour les cas de *scandalum magnatum* et de libelle, la prescription est fixée à six ans, ainsi que pour tous autres où le dommage peut être prouvé.

Le motif de l'action étant que le défendeur *a méchamment* publié certaines particularités relatives au plaignant, qui lui ont causé un *dommage* temporel, la conséquence naturelle est que le défendeur peut plaider tout ce qui lui semble propre à le disculper sur le point d'intention , ou ce qui peut infirmer l'allégation d'un dommage actuel ou probable.

La défense peut aussi s'étendre sur l'interprétation des mots. — Il avait été dit « c'est un meurtrier, » l'explication démontra qu'il était question de braconnage et que les auditeurs avaient compris « meurtrier de lièvres. » — Il était dit « c'est un recéleur, » le témoignage ne laissa pas de doute qu'il devait être entendu « dépositaire. » — Une accusation de parjure se trouva par le rapport de la conversation n'être que le reproche d'avoir faussé un serment sans importance légale. — Cette espèce de justification sert comme moyen d'atténuation , propre à rendre sensible la nullité du droit à réparation pour un prétendu dommage fondé sur un tort négatif.

Dans une cause où le défendeur âgé de moins de dix ans , plaidait la justification de sa minorité , le lord Kennyon statua expressément « que si un adolescent commet un scandale, il en est responsable devant la loi. »

CHAPITRE XXII.

ÉVIDENCE.

L'évidence est la réunion des moyens propres à éclairer la justice : elle s'établit par les preuves écrites, le témoignage et la démonstration. C'est aux parties à produire les moyens d'évidence suivant certaines formes établies. Nous examinerons ces formes dans leur rapport avec la doctrine, en commençant par celles qui concernent le plaignant.

Lorsque l'action est pour des mots, la communication est suffisamment prouvée par le témoignage d'un seul des auditeurs, quoiqu'il soit spécifié dans la plainte que plusieurs autres étaient présents.

Si les mots ont été proférés, ou le libelle publié, dans une langue étrangère, il n'existe pas de publication, et conséquemment pas de préjudice, si ceux qui ont entendu les paroles, ou vu les caractères d'impression, n'en avaient pas l'intelligence.

Si les mots ont été dits, ou le libelle remis directement au plaignant seulement, comme aucun dommage ne peut en être résulté , il n'existe pas cause à action.

Le premier point à prouver est l'acte de publication attribué au défendeur. C'est le fait préalable qui le met en cause. Il n'est pas coupable s'il n'a pas publié. La publication est le seul caractère extérieur du tort.

Dans le cas de libelle, la preuve de la publication est directe, lorsque le témoin a vu effectuer l'acte, ou par la distribution, ou par la lecture , ou par le chant , ou par l'affiche, ou par la participation à l'exhibition d'une effigie scandaleuse.

La publication est indirecte, lorsque de simples inductions la font attribuer au plaignant.

Le premier juge Holt a dit : « Si le libelle est » écrit de la main du défendeur, et qu'il ne » puisse en produire l'auteur, le délit est à sa » charge. »

Cette présomption est raisonnable : un homme peut penser et écrire ce qui lui convient ; il n'est soumis à aucunes poursuites légales, tant qu'il s'abstient de divulguer ses pensées au détriment de quelqu'un, mais il est repréhensible aux yeux de la loi, si ce qu'il a écrit devient nuisible par la publicité ; alors il répond pour les effets de sa négligence, comme s'il avait été volontairement l'auteur du scandale. Celui qui écrit un libelle pour sa seule satisfaction, sait qu'en le conservant, il court les risques d'une publication accidentelle dont il doit supporter les conséquences.

Toutefois, écrire un libelle n'est pas le publier, c'est seulement un point d'induction contre le défendeur relativement à la publication, qui est le premier point de fait à reconnaître par le jury. Après avoir avéré que l'écrit est de la main d'un homme, il reste encore à déterminer si le fait de publication n'a pas une autre cause que la volonté ou la négligence du défendeur.

La déclaration d'experts sur la similitude d'écritures ne peut faire preuve en matière de libelle; elle n'est pas même reçue comme simple opinion. Tel est le résumé d'un grand nombre de décisions qui font autorité sur ce sujet. « Aucun expert n'est compétent pour affirmer qu'un écrit est de la main de telle personne. Le témoin doit avoir vu cette personne écrire le libelle, où être familier avec son écriture par une longue suite de correspondance toute entière de sa main, et encore dans ce dernier cas le témoignage n'est-il admis que comme opinion soumise à la considération du jury. L'expert n'est compétent que pour déterminer la falsification ou feinte ou réelle. »

La publication est légalement inférée contre le défendeur, lorsque la distribution du libelle a été effectuée par son agent. Dans ce cas, l'accessoire passif employé pour commettre le tort, est identifié avec le principal.

C'est particulièrement envers les libraires que les règles ne sont plus incertaines. La vente, la délivraison ou la distribution, faite par un ouvrier, apprenti, commis ou agent quelconque, suivant le cours ordinaire des affaires de commerce, est, *primá facie*, une preuve de publication contre celui sous le nom de qui ces affaires sont dirigées ; et cette preuve apparente ne peut être écartée que par des preuves contraires et plus positives.

Il a été maintenu « que pour constituer le tort, il n'était pas essentiel que la personne qui distribue le libelle, fût instruite de son contenu, ou qu'autrement, les écrits les plus virulents circuleraient avec sécurité sous l'abri d'une ignorance vraie ou simulée. Qu'il était admis qu'acheter un libelle dans la boutique d'un libraire, était suffisant pour imputer la publication au maître de la boutique, quoiqu'il alléguât ne pas en connaître le contenu, ou en ignorer l'existence. Qu'il ne serait pas présumé qu'un inconnu l'a déposé chez lui à son insçu, etc., à moins toutefois qu'il ne pût prouver évidemment la vérité de ces assertions bannales données communément comme justification d'un acte illégal. »

Il fut argué pour un défendeur, que son com=
mis avait reçu le libelle sans l'en prévenir. La
cour n'admit pas cette raison, « parce qu'un
» maître doit répondre de ceux qu'il emploie ;
» et la loi présume qu'il est informé de tout ce
» qu'ils font. »

Le premier juge, Raymond, dit : « Il est
» établi qu'un maître, s'il réside hors la ville, et
» que son commerce soit dirigé par un agent,
» n'en est pas moins responsable pour la publi-
» cation d'un libelle effectuée par cet agent. »

Dans la cause de Nutt, le premier juge dit :
» Le maître d'une boutique est responsable pour
» tous les livres qui s'y vendent. »

La responsabilité du libraire a été pleinement
discutée, et clairement établie dans la cause
d'Almon, au sujet des lettres de Junius. Il était
argué en appel que le libelle avait été apporté
dans la boutique, et vendu par un garçon sans la
connaissance du maître. La cour dit : « Aucunes
» des raisons alléguées en faveur du défendeur,
» ne sont suffisantes pour annuller le jugement ;
» elles ne peuvent servir qu'à atténuer l'offense,
» et à diminuer la peine. L'opinion positive et
» unanime est qu'un libelle acheté dans la bouti-
» que d'un libraire, doit être *primâ facie*,
» une preuve que ce libraire est coupable de sa
» publication, jusqu'à ce que l'évidence dé-
» montre le contraire. »

Telle est la substance des règlements par lesquels la preuve de publication s'établit contre les propriétaires et éditeurs de journaux.

Acte tendant à prévenir les effets pernicieux de la publication des écrits periodiques faite par des personnes inconnues.

Art. 1. Qui que ce soit ne peut imprimer ou publier aucun écrit périodique, sans en avoir fait la déclaration préalable à l'administration du timbre.

Art. 2. La déclaration indiquera au moins deux des propriétaires, leur demeure, leur part dans l'intérêt, le titre de la feuille, et le lieu où elle s'imprime.

Art. 5. La déclaration sera signée et jurée devant les commissaires du timbre.

Art. 7. L'infraction aux précédents articles sera punie de 100 liv. st. d'amende.

Art. 9. La déclaration sera conservée pour servir de pièce de conviction dans les procédures pour libelle.

Art. 10. La feuille devra contenir le nom et la demeure de l'imprimeur, sous peine de 100 liv. st. d'amende.

Art. 13. Toute personne pourra se procurer une copie de la déclaration déposée au timbre, en payant un schelling.

Art. 14. Cette copie, certifiée par les commissaires du timbre, sera admise en justice comme moyen d'évidence.

L'évidence d'intention n'est l'objet d'aucunes règles : c'est un point d'appréciation soumis à la seule conscience du jury.

Il a été observé précédemment que la présomption légale d'intention, en matière de scandale, était de trois espèces ; 1° favorable au défendeur ; 2° susceptible d'examen, 3° contre le défendeur. A l'appui d'une cause comprise dans la seconde espèce, on soumet à la considération du jury, les preuves de menaces ou verbales ou écrites, comme caractérisant l'intention.

Évidence relative au défendeur. — Il a déjà été dit que le défendeur pouvait diriger sa défense en opposition à tous les points de la plainte.

En supposant que l'évidence a prouvé tous les faits ou allégations mentionnés dans la plainte, il reste encore au défendeur à faire valoir les moyens d'atténuation, en mitigation de dommages. Ces moyens sont nombreux, puisqu'ils comprennent tout ce que peut suggérer la fertile imagination de l'homme, pour pallier ses torts ; aussi me bornerai-je à indiquer la forme observée dans la manière de les produire.

Les moyens d'atténuation ne peuvent se rapporter au fonds de la cause déjà jugée : ils doivent se renfermer dans le moral de l'acte, dans tout ce qui tend à diminuer la gravité du tort sans prétendre à l'effacer, tel que l'excès de zèle, la crédulité, l'épanchement, l'ivresse, l'irritabilité, etc.

CHAPITRE XXIII.

JUGEMENT.

Cinq juges administrent la justice : Les points de loi sont soumis à leur décision, et dans leurs attributions se trouve comprise l'obligation d'éclairer le jury sur le point de fait. Outre ces fonctions, ils ont souvent à prononcer sur la quotité des dommages, que le jury peut abandonner à leur discrétion après avoir décidé la question du tort par la simple affirmation.

Lorsque le jury, par des considérations qu'il n'est jamais permis de pénétrer, use de ses droits dans toute leur plénitude, et alloue des dommages excessifs, alors la cour n'en doit pas moins sanctionner la déclaration par son jugement, s'il ne se trouve aucun défaut matériel dans l'action ; mais elle autorise le recours en appel comme correctif de l'erreur.

Cette faculté de renvoyer la cause devant un

autre jury, ne peut s'exercer que dans l'intérêt de l'accusé, et jamais contre lui. C'est le complément de la bienveillance légale ; lorsqu'un homme a été ainsi condamné par la conscience de douze de ses pairs et par l'opinion éclairée de cinq juges, tous les devoirs de la justice humaine sont remplis.

Frais. — Les statuts de Jacques Ier, portent « que dans toute action pour des mots scandaleux, si le jury alloue ou remet aux juges à allouer des dommages, et qu'ils ne s'élèvent pas à 40 shillings, alors le plaignant n'a droit qu'à la même somme pour tenir lieu de ses *frais* de poursuites. »

Il a été maintenu que ces statuts n'étaient pas applicables aux cas de *scandalum magnatum*, de libelle et de dommage spécial.

Dans les cas où les mots sont actionnables en eux-mêmes, les statuts peuvent être rendus inapplicables par la preuve d'un dommage spécial.

CHAPITRE XXIV.

DU TORT PUBLIC.

Le tort envers la société s'effectue, ou par action, ou par incitation.

L'incitation directe, ou excitation, est crime capital (*treason*); n'étant qu'indirecte, elle est faute grave (*misdemeanor*).

L'incitation indirecte comprend toute insinuation communiquée par le moyen des signes ou des paroles, avec l'intention de troubler l'ordre établi.

L'ordre peut être troublé par le relâchement des principes religieux et moraux, par l'affaiblissement des liens qui attachent un peuple à son souverain, par l'opposition séditieuse aux lois constitutionnelles, par l'oubli du respect et de l'obéissance dus à l'autorité, et en général par la violation des règles établies pour la convenance et dans l'intérêt de la communauté.

Nous considérerons, 1°. le caractère de l'offense; 2° les moyens de répression.

L'offense consiste dans l'intention de produire un mal public par la communication de certaines pensées.

Cette définition fait naître les questions suivantes :

1° Comment la communication peut-elle produire un mal public ?

2° Comment l'acte extérieur est-il répréhensible ?

3° Comment se caractérise l'intention ?

La communication peut produire un mal public par de dangereuses réflexions sur ces principaux sujets :

La religion,

La morale,

La constitution,

Le roi,

Le gouvernement,

La justice,

Les puissances étrangères,

Certains intérêts locaux,

Et par la provocation à un acte illégal.

CHAPITRE XXV.

CONTRE LA RELIGION.

La religion est la base de l'édifice social. C'est sur lacroyance en un Dieu rénumérateur et vengeur que se fondent les lois civiles : l'idée d'un avenir éternel imprime au serment ce caractère sacré qui est la source de la confiance et un garant pour la justice. Ces principes sont consacrés par la loi fondamentale ; chercher à les détruire ou à les altérer, c'est tendre à diminuer la force morale nécessaire à l'action du gouvernement; c'est commettre un tort envers la société.

Blasphémer contre le Tout-puissant, en niant son existence ou sa sagesse ; parler avec mépris des actions de Jésus-Christ, et en général se livrer à des remarques indécentes sur les saintes Écritures, sont des offenses répréhensibles devant la loi ; parce que la doctrine du christianisme fait partie de cette loi.

Taylor fut condamné pour avoir dit que « Jésus-Christ était un vagabond, que la religion était une tromperie, et qu'il ne craignait ni Dieu, ni diable, ni homme ». Le premier juge, Holt,

observa : « De tels blasphêmes ne sont pas seu-
» lement une offense envers Dieu et la religion ;
» ils sont encore un crime contre les lois, le
» gouvernement et l'état. Présenter la religion
» comme une tromperie, c'est dissoudre les obli-
» gations qui lient l'individu à la société. Le
» christianisme fait partie de nos lois, et dès-
» lors, outrager la religion, c'est tendre à ren-
» verser les lois ».

Woolston fut condamné pour des libelles qui
répandaient le ridicule et le mépris sur la vie,
les discours et les miracles de Jésus-Christ. La
cour déclara qu'un écrit contre la religion chrétienne était soumis à la juridiction temporelle ; et
sur ce qu'on argua que l'ouvrage avait pour but
de montrer que les miracles de Jésus-Christ ne
devaient pas être considérés dans le sens littéral, mais seulement dans le sens allégorique,
et qu'ainsi le livre n'était pas écrit contre la religion chrétienne en général, puisqu'il se bornait
à réfuter certaines preuves de la mission divine ;
la cour ajouta : « Attaquer ainsi le christianisme,
» c'est en saper les fondements. Il est dit, en
» effet, dans le livre, que l'intention de l'auteur
» est de consolider le christianisme, en indiquant
» le sens emblématique des Écritures ; mais ces
» déclarations trompeuses sont démenties par
» le discours, et d'après les règles : *Allegatio*
» *contra factum non est admittenda* ».

Dans cette même cause, les juges, en déclarant que tout écrit contre le christianisme était une offense justiciable des cours temporelles, signifièrent expressément qu'ils avaient en vue la religion considérée dans son ensemble comme partie de la loi fondamentale, mais qu'ils n'entendaient nullement intervenir dans les discussions entre savants sur les différents points de controverse. Le premier juge, Raymond, dit : « En exprimant l'opinion de la cour, je désire » qu'il soit bien entendu que notre intention » n'est pas d'intervenir dans aucunes dissidences » d'opinion, et que nous n'entendons n'être » autorisés à procéder que dans les cas seule- » ment où le fond de la doctrine du christianisme » est attaqué ».

Ilive fut condamné pour un libelle « profane et blasphématoire, tendant à avilir et à renverser la religion chrétienne par des outrages contre Jésus-Christ, en niant sa divinité, en le représentant comme un imposteur, en répandant la dérision et le mépris sur sa vie et sur sa sainte doctrine, et aussi en altérant la croyance aux sublimes vérités du christianisme par des réflexions qui en montrent l'essence comme un composé d'illusions et d'impostures fabriquées par le charlatanisme des prêtres ».

Annelt fut condamné pour un libelle « blasphématoire contre le Tout-puissant, tendant à détruire la croyance dans les saintes Écritures, et notamment dans le Pentateuque, en représentant le prophète Moïse comme un imposteur, et les vérités et miracles recueillis dans le Pentateuque comme des mensonges ».

Wilkes fut condamné pour un libelle « obscène et impie, tendant à corrompre l'esprit et les mœurs des sujets de Sa Majesté, à inspirer le mépris pour la religion, la décence et la vertu, à porter au blasphême contre Dieu, et à tourner en ridicule le Sauveur et la religion chrétienne ».

Williams fut condamné pour la publication du livre, « Le Règne de la Raison, » dans lequel, « en niant les autorités de l'ancien et du nouveau testament, il est affirmé que la raison est la seule règle de conduite que les hommes doivent s'imposer, et dans lequel aussi, en développant cette proposition, le ridicule est déversé sur les prophètes, Jésus-Christ, ses disciples, et les saintes écritures ». En prononçant le jugement, le juge Ashurst observa que : « la religion étant consi-
» dérée comme loi de l'État, de telles doctrines
» étaient une offense, non seulement envers
» Dieu, mais encore envers la loi et le gou-
» vernement, par leur tendance à relâcher les
» liens d'obligation qui attachent les hommes aux
» principes par lesquels la société est régie ».

Il résulte de ces décisions, fondées sur des règles parfaitement établies, que le blasphême contre la divinité, exprimé d'une manière générale, ou l'attaque dirigée contre la religion chrétienne, avec l'intention d'en livrer la doctrine au mépris ou au ridicule, est une offense justiciable des cours temporelles.

Quant à la nature de l'offense, elle est la même par la communication verbale que par la publication écrite, et le mode de propagation n'est qu'un motif aggravant au regard de l'application des peines.

En principe, le tort existe également dans l'attaque contre la religion en général, et contre les preuves qui en sont le soutien. Dans la cause de Woolston, la publication a été condamnée comme illégale, quoique l'objet avoué de l'écrivain fût seulement de détruire l'évidence de la mission divine établie par les miracles, et de la dégrader en la représentant comme allégorique. L'opinion de la cour était que *l'intention délibérée* de renverser le christianisme est rendue *évidente* par les moyens employés pour affaiblir les diverses preuves sur lesquelles se fonde la croyance ; et, en effet, il serait incohérent d'infliger des peines pour une attaque d'une manière générale contre le système, et de souffrir que les bases en fussent sapées avec impunité.

Cependant toute publication tendante à affaiblir les arguments qui font preuve de l'existence d'un Être suprême, et de la vérité du christianisme, n'est pas nécessairement illégale. Les principes qui régissent les lois n'admettent comme crime, que *l'intention* perverse.

La forme d'expression des actes d'accusation précités et les décisions des juges, particulièrement dans la cause de Woolston, montrent qu'il n'est pas criminel aux yeux de la loi de se livrer, gravement et avec pûreté de conscience, à l'examen des matières théologiques, quoiqu'il puisse arriver que dans le cours d'une discussion, des doutes soient exprimés sur des points de doctrine révérés, et que l'évidence de certaines parties des saintes écritures en soit affaiblie.

La garantie de cette règle, si elle n'existait pas de temps immémorial dans les actes des magistrats, se trouverait dans le fait d'omission. Pour les hommes instruits, il est notoire que non seulement les points secondaires de la croyance ont été discutés contradictoirement par les savants; mais encore que l'authenticité de plusieurs miracles a été mise en question, et qu'on a contesté l'autorité des textes les plus importants : cependant ces dissertations n'ont pas été considérées comme libelles, quoique fréquemment elles *tendissent* à affaiblir l'évidence de certaines particularités respectables. Les individus qui professent une autre religion que celle de l'état, quoiqu'en soutenant leur propre doctrine ils dussent nécessairement nier les autorités des autres systèmes, n'ont, pour ce fait, jamais été poursuivis comme libellistes.

Suivant M. Erskine : « Tout homme a le droit de faire usage de sa raison pour examiner les points de controverse de la religion chrétienne; mais aucun homme ne peut invoquer l'autorité des lois fondées sur la religion pour prétendre au droit de nier la validité de leur principe commun, qui est la religion. Il y aurait incohérence à ne pas protéger la base de toutes les lois contre les tentatives faites avec le dessein de la battre en ruine, tandis que les derniers degrés de l'autorité civile sont à l'abri de l'outrage par les mesures de répression légale ».

Il est impossible de déterminer les limites exactes au-delà desquelles le degré de tendance au mépris des devoirs religieux, devient criminel. La loi, en prévoyant les désordres dont il est possible qu'un libelle impie soit la source, n'a pu indiquer, par des signes distincts, la ligne de raison entre l'absurde à dédaigner, et le pernicieux à punir. Pour obvier à son impuissance, elle a déféré le droit de distinction et de coercition aux sentiments de justice et de convenance dont sont nécessairement pénétrés les officiers publics, les magistrats, et le jury.

Aucun écrivain ou orateur qui, entraîné par sa conscience, propage candidement et modérément ses opinions dans le généreux dessein de se rendre utile à l'humanité, ne peut être poursuivi comme criminel.

L'intention perverse étant le caractère moral du tort, elle doit se trouver dans la forme d'expression, dans le ton de sarcasme, toujours blâmable en traitant d'un sujet aussi sérieux, et dans ces arguments faux et subtils que le simple bon sens discerne aisément comme ouvrage de la perfidie.

La gravité du tort s'établit, moins d'après la forme extérieure de l'offense, que par sa nature. L'incorrection du style, le vague des idées, et la faiblesse des arguments, ne sont pas toujours des motifs pour atténuer le tort par la fausse supposition que des moyens méprisables sont sans danger : il se rencontre des esprits que le sophisme peut égarer, et ces esprits superficiels doivent être protégés contre la corruption et ses pernicieux effets, comme la faiblesse physique l'est contre les attaques de la force.

CHAPITRE XXVI.

CONTRE LA MORALE.

Il est pleinement établi que toute publication immodeste, tendant à corrompre l'esprit, et à altérer l'amour de la morale et de la décence, est justiciable des cours temporelles. Autrefois il était mis en doute si cette offense, considérée comme spirituelle, ne ressortissait pas de la juridiction ecclésiastique.

Sir Charles Sedley fut condamné à 2000 liv. st. d'amende, pour s'être montré nud dans une loge d'un théâtre public.

Dans une cause, l'avocat général dit: « Détruire la moralité, insulter à la décence, c'est nuire à l'ordre public dont le maintien est confié à la justice temporelle. »

Wilkes fut condamné à 500 liv. st. d'amende, à un an de détention, et à sept années de caution, pour avoir publié un libelle, « impie et obscène, sous le titre de « Essai sur la Femme. »

Tous les actes licencieux effectués par la communication de la pensée, ne peuvent sans doute être légalement répréhensibles. Pour être considérés comme tort et punis comme libelle, ils doivent *tendre* à détruire la moralité vue dans son essence d'une manière générale. Si leur effet possible est de corrompre la masse de la société, ils deviennent offense envers le public.

Dans les nombreux exemples qu'offrent les recueils, on trouve placée au même dégré que le libelle, la communication verbale faite sur un théâtre devant un auditoire public.

Pour cette classe de délits, comme pour ceux relatifs à la religion, la *tendance* règle les poursuites du ministère public, et l'*intention* détermine la condamnation.

CHAPITRE XXVII.

CONTRE LA CONSTITUTION.

Toute publication tendante à inciter à la sédition et à fomenter un tumulte populaire, en atténuant la confiance, ou en inspirant des idées de mécontentement, par un exposé trompeur des défauts de la constitution et des lois qui en dérivent, est un tort.

Les questions purement spéculatives sur la nature des lois fondamentales, sont trop abstraites pour fournir de fréquents sujets de répréhension ; les passions s'exercent moins sur le système, dans le dessein d'opérer sa destruction, que sur les moyens de diriger des personnalités contre ceux qui gouvernent.

Le plus ancien cas dans lequel il se trouve une opinion sur la nature criminelle des mots, dirigés d'une manière abstraite sur la constitution, a été jugé sous le règne de la reine Elisabeth. Il fut décidé qu'il n'y avait pas cause à poursuites pour avoir été dit « que les lois du royaume ne sont pas les lois de Dieu, » mais qu'il serait criminel de dire, « que les lois du royaume sont contraires au lois de Dieu. »

Sous Charles II, Brewster fut condamné pour un libelle dans lequel il était dit: « que la résistance est permise envers un roi abusant de son pouvoir, et que s'il emploie la force des armes pour soutenir ses usurpations, il peut être déposé, parce qu'il a violé le contrat fait entre lui et son peuple. »

Harrison fut condamné pour « avoir fait allusion au gouvernement d'Angleterre et aux traitres qui jugèrent Charles 1er, en publiant que le gouvernement du royaume consistait en trois pouvoirs; que s'il s'élevait une insurrection, à moins qu'elle ne fût contre les trois pouvoirs, elle ne serait pas rébellion. » Il fut argué, en arrêt de jugement, qu'il ne pouvait exister rébellion contre le roi sans qu'elle fût contre les trois pouvoirs, puisqu'ils sont tous réunis par le droit dans l'autorité royale. » La cour rejeta l'objection sur ce que « par les statuts de Charles II, il est dit expressément que ni l'une des deux chambres, ni toutes deux réunies, ne peuvent agir hostilement contre le roi sous aucun prétexte; et sur ce que, s'il est établi trois pouvoirs pour former la loi, il n'existe qu'une seule autorité qui ait le droit de faire la guerre. »

Dans la cause de Bedfort, il a été décidé « qu'une dissertation contraire au droit héréditaire, tel qu'il est établi, était libelle, quoique n'ayant aucune application au gouvernement existant. »

Tutchein fut condamné pour avoir publié que « dans le cas de mauvaise administration, un peuple a le droit de faire rendre compte à son gouvernement, de déplacer les ministres, de déposer le souverain, et de le remplacer par tout autre. »

Le docteur Brown fut condamné pour un libelle exprimant que « la dernière révolution était une transgression des lois anglaises. »

Nutt fut condamné pour un libelle dans lequel il insinuait que « la révolution devait être vue comme un acte injuste et inconstitutionnel ; que les conditions portées dans l'acte d'accession étaient illégales ; que la révolution, et les réglements relatifs aux droits de la couronne, tels qu'ils étaient établis par les lois, avaient été, dans les conséquences, préjudiciables aux intérêts du peuple. »

On trouve dans les causes de Shebbeare et de Thomas Payne, qu'une réflexion jetée dans l'ouvrage, quoique n'ayant qu'un rapport accidentel avec le sujet principal, fut considérée comme « une attaque contre la justice et la politique de la révolution, parce que cette réflexion y trouvait la source de plusieurs cala-mités publiques. »

Tels sont les principaux cas où le libelle portait sur une matière purement spéculative, sans application aux hommes ou aux choses.

Il est impossible de déterminer avec précision le point où commence l'illégalité des remarques sur un code de lois. Dans l'espace immense ouvert aux idées spéculatives peuvent croître l'honnête et l'utile suggestion propre à éclairer le législateur, le remède à des abus ou à des défauts éventuels ou avérés, et des modifica-tions avantageuses dans le système de législation; mais il peut également s'y trouver un prétexte à d'audacieuses assertions, capables d'engendrer la sédition.

Le caractère illégal du libelle est uniquement dans la *tendance* au mal : dès-lors la question, relativement à ses qualités dangereuses, est si, d'après les expressions qui composent un écrit, il est susceptible d'indisposer le lecteur contre les lois auxquelles il doit obéissance, et de le porter à des excès de violence et de sédition, ou s'il développe seulement des principes dont l'appli-cation peut être avantageuse à la communauté, en indiquant avec sagacité et modération certai-nes défectuosités dont le meilleur code ne peut être exempt. Dans ce dernier cas, loin d'y trouver la tendance à porter des esprits exaltés à chercher le remède dans la subversion, on doit n'y voir que le dessein bienveillant d'engager le législateur à mieux apprécier les divers rapports sociaux, et à voir les objets sous un certain point de vue plus favorable aux intérêts de l'état. Entre ces deux extrèmes il existe sans doute une ligne qui est le point purement légal ; mais tout essai pour la déterminer par des lois écrites eût été infructueux, et la distinction en a été abandonnée au discernement et à la loyauté du jury.

Suivant lord Loughborough « tout homme » peut, à sa discrétion, publier ses opinions » sur les différents systèmes de législation et » sur les diverses formes de gouvernement : si » ces opinions sont sages et lumineuses, la propagation en sera utile au monde ; si elles sont » absurdes ou insignifiantes, elles seront méprisées et oubliées ; mais dans tous les cas, étant » émises *bona fide*, elles ne peuvent être criminelles, quelqu'erronnées qu'elles puisssent » être. »

CHAPITRE XXVIII.

CONTRE LE ROI.

Les mots ont été fréquemment considérés comme des actes extérieurs de crime d'état, dont l'expiation était la mort de ceux qui les avaient proférés. Deux personnes furent exécutées, sous le régne d'Edouard IV, pour des expressions inconsidérées : l'une pour avoir dit « qu'elle ferait son fils héritier de la couronne, » par allusion à l'enseigne de sa maison ; et l'autre, un gentilhomme dont le cerf favori avait été tué à la chasse par le Roi, pour avoir dit « qu'il désirait que les cornes et tout l'animal fussent dans le ventre de celui qui avait conseillé au roi de tuer sa bête ; » comme le roi avait en cette occasion été son propre conseiller, les mots furent entendus comme dirigés contre sa personne.

Depuis ce temps où l'arbitraire régissait, la légalité de semblables condamnations a été fortement mise en question ; et s'il est encore problématique, que des paroles puissent constituer un acte extérieur de crime d'état, du moins la rigueur de la doctrine a été considérablement tempérée. Il a été humainement observé « que des mots peuvent être proférés dans l'emportement ou dans l'ivresse sans aucune intention coupable ; qu'ils peuvent avoir été mal entendus, être interprétés maladroitement, ou dénaturés par l'auditeur ; que l'idée qu'ils expriment est souvent opposée au sens virtuel qui résulte de leur connexion avec d'autres mots, ou de leurs rapports avec de certaines choses ; que leur signification varie quelquefois suivant les modulations de la voix ; que le geste ou même le silence peut être plus expressif que le discours le plus véhément ; qu'enfin rien n'offrant autant d'équivoque et d'ambiguïté que les mots, il serait réellement déraisonnable de les considérer comme caractère de haute trahison. » Cette opinion de sir William Blackstone, a été partagée par Stamford, lord Coke, lord Hale et sir Michael Foster. Ces grands jurisconsultes rapportent que sous le règne de Charles Ier, certains mots ayant été proférés contre le roi par un nommé Pinc, tous les juges déclarèrent : « Quoique les mots soient aussi atroces qu'il est possible de les concevoir, cependant ils ne constituent pas trahison. Sauf les exceptions établies par les statuts particuliers, aucun mot ne peut constituer un acte de trahison d'après la loi commune. »

Il n'est nullement douteux toutefois, que les

mots expliquent l'acte auquel ils sont joints, comme aussi l'acte les explique; et ainsi les termes de persuasion pour engager à tuer le roi, ceux exprimant l'adhésion, la consultation ou la direction, avec ce dessein pour but, sont certainement des actes extérieurs suffisants pour caractériser une conjuration contre sa vie.

Il a été maintenu que les mêmes mots, jugés irrépréhensibles s'ils étaient seulement proférés, acquéraient de l'importance, étant rendus par les signes écrits ou emblématiques, et pouvaient, suivant la forme d'expression, être un acte extérieur de trahison, comme conjuration contre la vie du roi, lorsqu'ils étaient publiés. La publication est nécessaire pour constituer l'offense, quoiqu'il ait été décidé autrement dans les temps où regnait l'arbitraire. Peachum, un ecclésiastique, fut condamné pour quelques passages d'un sermon qu'il n'avait jamais prêché, et Algernon Sydney pour certaines opinions spéculatives trouvées parmi des papiers renfermés dans une armoire secrette. Toutefois ces condamnations furent tellement censurées par l'opinion publique, qu'elles restèrent sans exécution.

On fait injure à la personne du roi en lui imputant le défaut de capacité ou d'intégrité; en l'accusant d'avoir faussé son serment d'installation; en le maudissant; en lui souhaitant du mal ; en répandant de fausses rumeurs sur ses intentions ; enfin, en alléguant des choses tendant à diminuer l'estime de ses sujets pour sa personne et son caractère, à affaiblir son gouvernement, ou à élever des dissensions entre lui et son peuple. Tous ces actes sont haute injure d'après la loi commune, et punis comme tort grave. (*misdemeanor*)

Nier la légitimité du roi à la possession du trône, ou élever des doutes sur ses droits à la couronne, dans un discours inconsidéré, est puni par la loi commune comme haute injure. Commettre ces actes délibérément, c'est-à-dire par des écrits ou signes scandaleux, pourrait, sinon constituer le crime de lèse-majesté, du moins attirer sur le coupable un châtiment sévère.

Une loi, promulguée en 1795, porte : « Si un individu conçoit le dessein d'attenter à la vie du roi, de le déposer, d'agir hostilement pour le contraindre, par la force, à altérer ses desseins, ou à changer ses conseillers, et si cet individu exprime ses intentions par *l'impression*, par les *emblémes*, ou par aucun autre acte extérieur, il sera puni de mort comme traître. »

» Et si, par écrit, peinture, prédication ou autre forme d'expression propagée, il est fait usage d'aucuns mots ou sentences propres à citer le peuple à la haine ou au mépris envers le roi, le gouvernement ou la constitution, le coupable recevra le châtiment infligé pour tort grave, c'est-à-dire, l'amende, la détention et le pilori ; et en cas de récidive, il sera déporté pour sept ans. »

L'avocat-général poursuivit le propriétaire du *Morning Chronicle* pour avoir publié le paragraphe ci-dessous rapporté, avec l'intention d'enlever au Roi l'affection de ses sujets. « L'imagination conçoit à peine la multitude de bienfaits qui pourraient être répandus sur la nation, si l'évènement (la mort du Roi) produisait un entier changement de système. De-tous les monarques qui ont occupé le trône depuis la révolution, aucun n'a eu l'occasion pareille à celle qui est offerte au successeur de George III pour obtenir une noble popularité. »

En résumant la cause, le lord Ellenborough parla ainsi au jury : « La première phrase ne » peut qu'être interprétée favorablement : l'in» tention exprimée par les mots « changement » de système » est, je pense, applicable au sys» tème politique. Il n'est pas entendu un chan» gement dans la forme du gouvernement éta» bli, mais dans les mesures administratives qui » sont adoptées. Par un entier changement de » système, on ne peut concevoir subversion ou

» renversement, puisque dans les mots qui sui-
» vent immédiatement, la succession au trône
» est attribuée à l'héritier de Sa Majesté. L'é-
» crivain imagine les bienfaits qui résulteraient
» de l'avénement du prince de Galles ; dès-lors
» il ne fait donc pas allusion à un changement
» contraire à l'état monarchique tel qu'il est
» établi par la constitution. Il me semble que
» présumer les avantages d'un changement de
» système, est un sentiment qui peut s'expri-
» mer innocemment en examinant la situation
» politique de sa patrie. L'acte d'accusation qua-
» lifie cette expression de libelle contre la per-
» sonne de Sa Majesté vue dans la direction du
» Gouvernement ; mais l'erreur peut exister
» dans le système actuel sans qu'il y ait vice
» d'intention, et même en supposant au souve-
» rain les plus éminentes vertus : il peut être
» égaré par ses ministres, et alors leurs fautes
» rendraient un changement de système dési-
» rable. Il peut lui-même, malgré sa sollici-
» tude paternelle pour le bonheur de son peu-
» ple, se tromper sur certaines questions de
» haute politique, soit étrangère ou intérieure.
» Je ne connais qu'un seul Être à qui l'erreur ne
» peut être imputée. Si une personne, en ad-
» mettant la sagesse et les vertus de Sa Majesté,
» regrette qu'en les exerçant, il ait eu le malheur

» de se tromper sur les intérêts du pays qu'il
» gouverne, je ne puis reconnaître que l'ex-
» pression de ces regrets tende à dégrader le
» caractère de Sa Majesté, ou à lui aliéner l'af-
» fection de ses sujets. Je ne puis appeler cet
» acte un libelle, s'il n'impute aucune inten-
» tion coupable, et s'il ne s'écarte pas du res-
» pect et de la bienséance. En allant au-delà,
» en insinuant que la partialité ou la corruption
» se montre dans les actes de Sa Majesté, en
» affirmant qu'il opprime ou favorise au détri-
» ment de l'intérêt commun, alors il existerait
» libelle. Représenter qu'un système de gouver-
» ment erroné prévaut sous le règne de Sa Ma-
» jesté, n'excède pas la liberté de discussion
» sur les sujets politiques, telle que la loi l'au-
» torise. La seconde sentence offre plus d'équi-
» voque, et il vous appartient, Messieurs du
» jury, de déterminer le sens qui s'y découvre.
» Autrefois l'usage était de considérer les mots
» suivant le sens le plus favorable à l'accusé,
» mais cette doctrine est rejetée ; ils ne doivent
» être entendus ni dans le sens le plus doux ni
» dans le sens le plus rigoureux, mais seulement
» dans le sens qui leur appartient, et tel que la
» conscience peut faire présumer l'idée que
» l'auteur avait l'intention de transmettre. L'idée
» rendue par ces mots est-elle que Sa Majesté

» est dirigée par des motifs inconvenants , ou
» que son successeur se rendra noblement po-
» pulaire en prenant un plus vif intérêt au bon-
» heur de ses sujets ? De tels sentiments étant
» pernicieux , la propagation en serait crimi-
» nelle. Mais si, dans cette phrase, il est seu-
» lement entendu que sa majesté , durant son
» règne ou à telle époque, a mal conçu les in-
» térêts de la nation , soit dans les relations
» étrangères ou [dans le système de politique
» intérieure ; s'il n'est imputé rien de plus
» qu'une erreur de jugement sans intention cou-
» pable , je ne puis convenir que ce soit un li-
» belle. L'extrait lu à la requête de l'accusé
» me paraît trop éloigné de la phrase en ques-
» tion, par sa situation dans le journal, pour
» être reçu comme explication satisfaisante ; s'il
» en avait fait partie, sans aucun doute il aurait
» servi à justifier la totalité. Il exprime ce qui
» est à la connaissance de tous ceux qui vivent
» sous la domination de Sa Majesté , c'est-à-dire
» son ardente sollicitude pour le bonheur de ses
» peuples , et il témoigne la profonde vénéra-
» tion due à ses vertus paternelles. Quel degré
» de connexion existe-t-il entre ces deux pas-
» sages ? C'est à vous à le déterminer. Considé-
» rant le passage dénoncé , substantiellement et
» en lui-même, il peut être douteux si l'écrivain

» n'avait pas l'intention de calomnier la per-
» sonne et le caractère de notre souverain ; si
» vous le distinguez ; si, en consultant votre
» raison, vous trouvez que les mots dénoncés
» ne peuvent être interprétés par l'extrait du
» même discours, vous prononcerez que le dé-
» fendeur est coupable. Mais si, en examinant
» le paragraphe en lui-même, vous êtes per-
» suadés qu'il ne manifeste pas une pensée inju-
» rieuse ou, si, dirigés par votre entendement,
» vous trouvez dans l'extrait, malgré son éloi-
» gnement du sujet, de quoi inférer que l'écrit
» n'a pas été rédigé avec la volonté de calom-
» nier le gouvernement personnel de Sa Majesté
» et de le rendre odieux à son peuple, alors
» vous acquitterez l'accusé. Le point d'inten-
» tion est abandonné à votre seule discrétion.
» Ne vous attachez pas à forcer les expressions;
» donnez-leur l'application, et attribuez-leur
» l'intention, exactement comme votre esprit
» dégagé de préventions les conçoit. Ce qui me
» semble le point le plus matériel, c'est le pa-
» ragraphe en lui-même : si vous trouvez que
» l'impression qu'il produit est que le règne de
» Sa Majesté est le seul obstacle entre le peuple
» et la possession du grand nombre de bienfaits,
» représentés par l'imagination comme devant
» résulter du règne de son successeur, et ainsi

» de rendre odieuse l'administration dirigée par
» Sa Majesté, alors c'est un paragraphe calom-
» nieux, et il doit être traité comme libelle. Si
» au contraire, vous n'apercevez pas qu'il fait
» naître l'idée d'imputation d'une gestion inten-
» tionnellement coupable, dirigée contre Sa Ma-
» jesté et contre ceux qui agissent par ses or-
» dres, et si votre raisonnement y trouve seule-
» ment une expression de regret sur ce que la
» manière de servir les intérêts publics a été
» mal conçue, alors je ne puis dire qu'il existe
» libelle. Il a été commis des erreurs en admi-
» nistration par les chefs les plus éclairés : j'en
» prendrai l'exemple dans un homme qui, pen-
» dant un temps, administra les affaires de ce
» pays avec beaucoup d'habileté, quoiqu'il ne
» dût son élévation qu'au crime ; c'est Olivier
» Cromwell. Nous souffrons maintenant des
» principes erronnés de son gouvernement lors-
» qu'il fit pencher la balance politique en faveur
» d'une certaine puissance contre la monarchie
» espagnole : ce fut lui qui fonda cet ascendant
» que, malheureusement pour l'humanité, cette
» puissance a depuis obtenue dans les affaires
» de l'Europe. Les plus grands monarques, ceux
» qui ont montré la sollicitude la plus ardente
» pour le bonheur de leur nation, et qui en ont
» fondé ou consolidé la prospérité, ceux là

» ont aussi erré : or prétendrait-on qu'une simple
» expression de regret sur ces erreurs et le dé-
» sir de les voir rectifier, tendaient à les déni-
» grer ou à nuire à leur gouvernement ? Mes-
» sieurs, en vous livrant ces réflexions, j'aban-
» donne le sujet à votre considération. Appli-
» quez votre esprit avec candeur et rectitude à
» l'intelligence du passage qui est soumis à votre
» jugement ; n'en torturez aucune partie par un
» motif quelconque, et que votre déclaration
» soit le fruit d'une délibération équitable. » —
L'accusé fut acquitté.

Lorsqu'un membre de la communauté a la
conviction intime que certaine mesure adoptée
par le gouvernement peut produire un préjudice, le sentiment de son devoir envers son
pays doit le porter à éclairer le public sur le
danger qu'il aperçoit ; si l'erreur dont il fait
l'objet de ses remarques a quelque rapport avec
le caractère personnel du souverain, les simples
règles de la bienséance l'obligent à exposer son
opinion dans les formes les plus modérées, et
en se servant du langage le plus respectueux. Il
se rendrait coupable par une atteinte injurieuse
contre la personne du roi, et il ne trouverait
d'ailleurs nulle excuse dans son zèle inconsidéré,
car l'ordre social ne peut admettre comme raison
justifiable les égarements d'une présomption

insolente. Tous les individus ont, dans le sens abstrait, un droit égal aux égards réciproques ; or, indépendamment de la majesté représentative, est-il possible d'imaginer quelques raisons pour empêcher que le caractère du monarque ne soit, comme celui du dernier de ses sujets, placé sous la sauve-garde des lois ?

CHAPITRE XXIX.

CONTRE LE GOUVERNEMENT.

Puisque, dans le sens légal, les affaires publiques sont dirigées par le roi, les reproches *offensants* adressés à l'administration qu'il a choisie, ou l'*injure* faite à la capacité de ceux qui jouissent de sa confiance immédiate, sont considérés légalement comme outrageants pour la personne du monarque. (1)

Blackstone dit : « Tout homme a le droit imprescriptible de publier sa pensée : s'il émet des opinions inconsidérées , illégales ou préjudiciables, il doit supporter la conséquence de sa témérité. »

Dans ce droit se trouve nécessairement compris l'examen des affaires publiques et du mode d'administration : ainsi le raisonnement dont cet examen est le sujet, n'est pas en lui-même,

____

(1) Since, in contemplation of law, the affairs of the state are administered by the King , reflections upon the administration of government, or upon the capacities of those to whom it is immediately entrusted , are , by virtue of a similar construction, a contempt of the King himself.

Starkie , page 523.

inconsidéré, illégal ou préjudiciable : il ne le devient que par la forme d'expression.

Dans une cause devant lord Kennyon, l'avocat-général parla ainsi au jury : « Tout homme » a le droit de publier ce qu'il conçoit être abus » dans le gouvernement. Si ses intentions sont » pures, et que ses réflexions portent loyalement » sur des actes évidents, ce droit ne peut être » un instant contesté. Je ne considérerai jamais » comme devoir, de poursuivre une personne » pour avoir écrit, imprimé et publié des opi- » nions franches et raisonnables sur le système » adopté par le gouvernement, et sur la consti- » tution de ce pays ; pour avoir signalé ce qu'en » sa conscience il croit être préjudiciable à l'in- » térêt commun, ou pour avoir proposé des » améliorations à effectuer suivant les formes » prescrites par les lois ».

Lorsque des mesures politiques sont candidement examinées, ou que leurs défauts, réels, ou imaginaires, sont indiqués avec modération, il n'a pas été mis en question, dans les temps modernes, si la ligne du devoir était dépassée, quoique la discussion tendît à démontrer que les auteurs de ces mesures n'avaient pas les qualités qu'exigeait l'importance de leurs fonctions.

Le zèle ardent des partis doit sans doute franchir les limites tracées par l'avocat - général, et toutes celles que la sagesse peut prescrire; mais l'ambition et la cupidité sont souvent les seuls conseillers qui dirigent les attaques contre le caractère personnel; et ces passions, lorsqu'elles exercent un empire absolu, portent à représenter les faits sous un faux point de vue, à exagérer l'importance de l'erreur, et à fabriquer des mensonges, afin de trouver, dans les conséquences, des raisons d'alarme et de mécontentement.

Empêcher absolument ces excès, sans détruire en même temps la liberté de la presse, est aussi impossible que d'arracher du cœur de l'homme les passions qui les produisent; aussi une sage politique se soumet-elle à supporter en silence les écarts tolérables : elle se borne à réprimer les excès dangereux.

Le point d'illégalité intrinsèque doit être déterminé par la réponse à cette question : « La communication est - elle susceptible de causer un mal public, en égarant les esprits, et en créant un mécontentement général et dangereux ? »

La *tendance* peut être justement inférée de l'astucieuse manière d'exposer les faits; du degré d'exagération dans les circonstances; du genre de transformation donné à la vérité; du sens double des inductions; de l'audace dans l'affirmation de l'imposture ; de l'adresse employée pour produire l'irritation ; de ces insinuations propres à agiter les passions ; de ces arguments sophistiques calculés pour égarer la raison ; enfin de cette multitude de moyens où la simple bonne-foi trouve évidemment l'intention de nuire, et nullement ce zèle louable, tempéré par le doute modeste et par la crainte de blesser la sensibilité de ses semblables.

Mais le mécontentement et ses déplorables suites pouvant résulter d'un fidèle exposé des faits, comme il est possible qu'un homme réellement ignorant et corrompu soit employé dans l'administration des affaires publiques, où est donc la limite tracée par la raison entre le droit et le tort ? Cette ligne tient à celle qui dirige la conduite de l'homme de bien lorsqu'il cesse d'être soumis aux règles prescrites : c'est la conscience. Le regard fixé sur cette limite, le magistrat digne de ses fonctions, la dégage des illusions dont les passions la couvrent, et la montre au jury comme le seul guide à consulter en prononçant sur le caractère d'un écrit dénoncé comme séditieux. Dans le jury est la conscience civile ; l'équité de ses jugements est à l'abri du soupçon ; une confiance implicite sanctifie en lui jusqu'aux erreurs inséparables de l'humanité ; c'est un être collectif, indépendant, sans ambition, sans haine, sans faiblesse, qui ne peut qu'être juste lorsque la pureté d'intention suffit pour prononcer sur l'évidence.

Pour rendre un auteur criminel, ses conceptions doivent être l'œuvre d'un esprit *méchant*, dont le but n'est pas d'opérer le bien en montrant le mal; mais seulement d'effectuer le mal en dissimulant le bien. La tâche du jury est de discerner *l'intention malveillante*, en considérant toutefois si les attaques contre la liberté, dans la personne d'un écrivain qui l'exerce au nom de l'intérêt commun, ne sont pas plus réelles que le danger contenu dans un écrit dénoncé par l'agent du pouvoir.

Les bornes de ce traité sont trop resserrées pour admettre la citation de cas particuliers dont il est impossible de donner une idée complète par la méthode de l'analyse. D'ailleurs ces cas, variés à l'infini, ne seraient que le développement des principes précédents qui sont consacrés dans la définition du libelle. L'opinion unanime des jurisconsultes établit comme caractères intimes du libelle : 1° la *tendance* de la communication à produire le désordre; 2° *l'intention perverse* de l'auteur.

Tutchin fut condamné pour ce paragraphe : « En considérant le mauvais succès de nos entreprises, on remarque qu'aucune nation en Europe n'a éprouvé plus que l'Angleterre, l'influence de l'or français. Il est douloureux de voir ainsi notre chère patrie affaiblie par les menées d'hommes cupides, lorsque des peuples qui nous sont inférieurs en force et en richesses, sont à l'abri des pertes que nous éprouvons, par la fidélité de ceux qui les gouvernent, etc. »

Lord Holt s'adressa ainsi au jury : « Dire que des
» agents corrompus administrent les affaires pu-
» bliques, est certainement outrager le gouver-
» nement. Si l'impunité rendait libre d'égarer
» l'esprit du peuple, en lui donnant une mau-
» vaise opinion de ceux dont les fonctions sont
» de veiller à ses intérêts, aucun gouvernement
» ne pourrait subsister. De telles publications
» ont toujours été considérées comme crime,
» et l'ordre public exige qu'elles soient punies.
» Vous avez à examiner si les mots qui vous
» ont été lus tendent à donner du gouvernement
» une opinion dangereuse. »

Clarke fut condamné sur l'accusation « d'avoir publié un libelle contenant des réflexions fausses, méchantes et séditieuses, en forme de parallèles, et tendant à persuader que le gouvernement était tyrannique et le ministère corrompu. »

Francklin fut condamné pour un libelle en forme d'extraits d'une lettre de La Haye, tendant à avilir le ministère de Sa Majesté, ainsi que ses principaux officiers et ses ministres d'état, en les représentant comme n'ayant ni intégrité ni capacité, et comme ennemis du bien public. »

Dans une cause où Cobbett était jugé pour un libelle, le lord Ellenborough s'exprima ainsi : « Ce n'est pas établir une nouvelle doctrine, que » de soutenir qu'une publication dont l'objet est » d'aliéner l'affection du peuple en rendant le » gouvernement odieux, soit en employant le » ridicule, ou par d'autres moyens indirects, » doit amener le châtiment sur son auteur. C'est » un crime, et toujours une telle action a été » considérée comme crime, quelle que soit la » forme sous laquelle elle se montre : tout doute » sur cette question a cessé d'exister. Il a été » observé que c'était le droit d'un Anglais de » dévoiler les extravagances et l'imbécillité des » membres du gouvernement ; oui, en se ren- » fermant dans les bornes prescrites par l'ordre. » La répression légale intervient lorsque les » égards dûs aux individus ne sont pas obser- » vés, et l'offense est soumise à des peines ».

De tous ces cas, il ressort pour règle géné- rale, que, *quoique la discussion sur les mesures politiques soit un acte autorisé, dans le sens abs- trait, elle ne peut servir de prétexte pour insulter au caractère privé des personnes, et pour commet- re, par ce moyen, une offense positive, indépen- dante de toutes considérations politiques.*

Il pourrait être demandé comment les membres du gouvernement peuvent être blâmés sans qu'il soit fait injure à leur caractère personnel, lorsque les mesures qui font le sujet du blâme ont leur source dans l'incapacité ou dans des vices flétrissants? Telle est la réponse qui semble pouvoir être faite. Lorsque le préjudice fait au caractère privé ou à la sensibilité des gouvernants résulte naturellement de l'exposé d'une mesure injuste ou absurde, celui qui en est la cause première doit le supporter, puisqu'il s'est placé en quelque sorte *publici juris*, en acceptant des fonctions publiques ; alors il n'a pas le droit de se plaindre des désagréments qu'il éprouve en raison du jugement porté sur des opérations fidélement retracées ; il n'a pu croire que sa position lui garantissait le silence absolu de ceux qui supportent les douloureux effets de ses fautes ; il se trouve exactement dans la situation de l'auteur d'un livre qui, en s'identifiant avec sa production, est soumis à toute la sévérité de la critique, quelque pénible qu'elle soit pour son amour-propre.

La distinction semble parfaitement établie entre une discussion exempte d'acrimonie sur le mérite d'une mesure adoptée par le gouvernement, et une attaque directe ou indirecte contre le caractère de ceux qui l'ont conçue. Si la mesure est fautive, l'intérêt commun exige que l'erreur soit rendue publique ; mais l'intérêt commun ne peut jamais légitimer une imputation ou collective ou particulière contre l'intégrité individuelle des gouvernants. Si l'accusation est réellement fondée, le coupable peut être amené devant la justice, par les voies légales, et c'est le devoir du dénonciateur de le forcer à rendre compte de sa conduite ; si le fait est douteux, un examen judiciaire est également nécessaire pour en déterminer l'évidence ; mais le tort est-il seulement dans l'imagination du calomniateur ? n'a-t-il à exposer que le vague de ses assertions ? alors il a trompé la crédulité de ses concitoyens ; il a altéré la confiance dont le ministère a tant besoin dans l'exercice de ses fonctions ; il a nui aux intérêts de son pays en semant la désunion entre le peuple et ses administrateurs ; il s'est rendu coupable d'une offense grave envers un homme dont la réputation est protégée par les lois ; enfin il a commis froidement une action méchante qu'un faux zèle ne peut justifier.

CHAPITRE XXX.

CONTRE L'ADMINISTRATION DE LA JUSTICE.

Les réflexions scandaleuses contre la personne du juge et contre la manière d'administrer la justice, sont répréhensibles au même degré que celles faites sur l'administration des affaires publiques, puisqu'elles tendent également à détruire l'ordre qui régit tout état civilisé.

Les offenses de cette espèce s'effectuent, ou par des observations sur les procédures, faites en termes qui expriment l'imputation d'iniquité, ou en s'écartant du respect dû aux organes des lois dans le sanctuaire où ils sont investis du pouvoir de rendre la justice au nom de la société.

Toute injure faite à un juge d'une cour inférieure dans l'exercice de ses fonctions, est répréhensible, aux termes de la loi commune. Si elle est dirigée contre un juge d'une cour supérieure, elle rentre dans le cas de *scandalum magnatum*; et lors même qu'elle n'aurait pas de rapports avec ses fonctions, elle serait également sujette à poursuites.

Watson fut condamné à 5,000 liv. st. envers Hurry. La corporation dont il faisait partie l'in-

demnisa, en mentionnant sur ses registres et en publiant que « M. Watson avait été dirigé par des motifs de justice publique. » Le président de la corporation fut poursuivi pour libelle, et le juge Ashurst observa « qu'en affirmant que
» Watson avait été mû par des motifs de justice
» publique, c'était diriger implicitement une
» imputation injurieuse contre la justice légale
» qui l'avait condamné. » Le juge Buller dit :
« Rien n'est plus urgent pour l'intérêt public
» que de mettre un terme aux censures outra-
» geantes que des individus se permettent contre
» les cours de justice. Aucune utilité ne peut
» être le produit de ces animadversions indé-
» centes, et le danger des conséquences en est
» évident. Il est possible que les juges et le jury
» ayent commis une erreur, et alors le remède est
» indiqué par les lois ; mais un écrit tel que celui
» dont est question, insinuant la calomnie sur
» les procédures d'un tribunal, ne peut avoir
» pour effet que de diminuer le respect et la
» confiance, sans lesquels la justice cesse d'être
» une force de raison ; et dans les conséquences
» d'un tel procédé, on trouve la ruine de la cons-
» titution elle-même. »

Dans une cause, le juge Grose dit : « Il est évi-
» dent que la publication n'a pas été faite dans
» l'intention d'éclaircir la vérité, mais afin d'in-

» jurier le caractère des personnes , et d'attirer
» le mépris sur l'administration de la justice. »

Les motifs , qui portent à prohiber les réflexions séditieuses contre le Roi et le gouvernement, sont les mêmes qui nécessitent l'interdic-
tion de toute censure injurieuse des délibérations parlémentaires. Les deux chambres sont
autorité constitutionnelle , et il leur est dû révé-
rence et respect en raison des fonctions éminentes qui leur sont attribuées. De temps immémorial elles sont investies du droit de réprimer
par leur propre autorité l'injure faite à la dignité
de la représentation nationale ; mais fréquemment elles s'abstiennent d'user de ce privilège, et
probablement afin d'éviter d'être juges dans leur
propre cause , elles livrent. le libelliste aux tribunaux.

Buyner ayant publié un libelle contre les
chambres, sous le titre du « Règne de Robin, ou
le Pouvoir des Sept, » fut traduit devant une
cour de justice, et condamné à 5o livres sterl.
d'amende , deux ans de détention , et sept ans
de cautionnement.

Owen fut traduit devant une cour de justice ,
pour un libelle contre les chambres, sous le titre
« d'Appel au peuple anglais » tendant à avilir le
parlement, en signalant ses actes comme cruels ,
arbitraires et oppressifs ; en insinuant qu'il avait

violé la constitution dans l'exercice de ses fonctions législatives ; et en le représentant comme
un tribunal d'inquisition. »

Stockdale s'étant permis des réflexions injurieuses sur les délibérations de la haute cour,
dans le procès de M. Hasting, fut traduit devant
les tribunaux. Sir Archibald Macdonald s'adressa
ainsi au jury : « La chambre des communes a ré-
» solu dans sa sagesse d'abandonner le prévenu
» au jugement d'un jury de ses concitoyens, afin
» de ne pas être en même temps et accusateur et
» juge, ainsi qu'elle en a le pouvoir, lorsqu'une
» insulte est faite à sa dignité. »

CHAPITRE XXXI.

CONTRE LES PUISSANCES ÉTRANGÈRES.

Les mêmes principes devraient s'appliquer à la définition du tort envers les puissances amies ; et cependant on ne peut inférer des décisions juridiques, jusqu'à quel dégré il est permis de disserter sur le caractère d'une nation étrangère, sur ses intérêts absolus ou relatifs, et sur sa situation politique intérieure ou extérieure. Ce silence, et la liberté souvent indécente que s'arrogent les écrivains anglais, font présumer qu'une très-grande latitude est au moins tolérée. C'est sur le caractère personnel des principaux personnages, et probablement aussi sur la forme de gouvernement, que s'établit la restriction légale, quoique pour ce dernier cas il ne soit remarqué aucun exemple.

Le chevalier d'Éon fut condamné, pour un libelle contre le comte de Guerchy, ambassadeur français. Il était accusé d'avoir intentionnellement dirigé des imputations injurieuses contre le caractère et la capacité du comte, etc.

Le lord Georges Gordon fut condamné à une

amende de 500 livre st., deux ans de détention, et quatorze ans de cautionnement, pour avoir publié sur la reine de France des réflexions injurieuses, qui la représentaient cõmme chef d'une faction, etc. Le juge Ashurst, en prononçant la sentence, dit : « A moins que les auteurs de telles » publications ne soient punis, leurs libelles » seraient supposés avoir été faits à l'instigation » du gouvernement. »

John Vint fut condamné pour un libelle, où il était dit : « L'empereur de Russie se rend odieux à ses sujets par des actes de tyrannie, et ridicule aux yeux de l'Europe par sa versatilité. Il vient de publier un édit qui prohibe l'exportation des bois de construction et autres objets propres à la marine, et en conséquence de cet ordre impolitique, cent bâtiments vont revenir sans chargement. » Ces observations furent considérées comme injurieuses contre l'empereur de Russie, et comme tendant à rompre les liens d'amitié qui unissaient les deux pays.

Dans une cause, Lord Ellenborough dit : « Il » est légal que toute publication, faite à dessein de » déposséder ou diffamer un personnage cons- » titué en dignité chez les nations étrangères » amies de la nôtre, soit traitée comme libelle, » et notamment lorsqu'elle peut troubler la bonne » harmonie subsistante entre les deux pays. »

La politique paraît être seule consultée dans les décisions sur ces sortes d'actions. La justice est l'intérêt du moment : elle est moins de principe que d'occasion.

C'est particulièrement dans ces cas que le jury peut se montrer une institution conciliatrice : en même temps qu'il écarte de l'écrivain, qui a éclairé sa nation, les effets d'une réclamation impérieuse ; sa nature abstraite le garantit de toute atteinte, sans qu'il y ait cause manifeste de trouble dans les relations politiques.

CHAPITRE XXXII.

CONTRE DES INTÉRÊTS LOCAUX.

Répandre de fausses rumeurs avec intention d'élever le prix des denrées, est une offense répréhensible devant la loi.

Dans une cause où il était argué que les rumeurs répandues n'avaient pas produit de renchérissement, la cour ne considéra que la tendance et l'intention, et condamna le délinquant.

Sir Edward Coke dit : « Lorsque des rumeurs ou verbales ou écrites tendent à produire un renchérissement dans le prix des marchandises, elles sont punissables devant la loi, comme ayant pour but l'accaparement. »

Répandre de fausses rumeurs à dessein de faire baisser le prix des denrées, est également répréhensible comme préjudiciable aux vendeurs.

Certaines personnes venant du comté d'Hereford, abusèrent de la crédulité du peuple d'une autre province, en racontant que la guerre empêchait l'exportation des laines, et il en résulta une baisse subite dans les prix de cette marchandise. Ces personnes furent condamnées à l'amende et à l'emprisonnement.

Sous le règne d'Élisabeth , par une délibération de tous les juges réunis , il fut décidé que
« toutes machinations concertées à dessein de
produire une augmentation dans le prix des denrées , soit en semant de *fausses nouvelles*, ou en
répandant des allarmes, seraient punies suivant
la gravité du tort. »

Waddington fut accusé d'avoir dit en présence
de plusieurs marchands de houblon , « que la
provision de cette denrée s'épuisait, et qu'il y en
aurait disette avant la récolte, » ce qui produisit
sur-le-champ une hausse dans le prix. Sur la
preuve d'intention , acquise par la manière dont
il dirigea ses transactions à cette époque, il fut
condamné à 500 liv. st. d'amende, et à un mois
de détention.

Dans cette cause , l'avocat général prétendit
que « répandre des rumeurs *vraies* ou *fausses*
avec l'intention de produire un mal public, était
condamnable , d'après le principe adopté en
matière de libelle, qui punit l'allégation , sans
avoir égard à la réalité. » Cependant, il semble
que l'intention ne peut rendre coupable si l'acte
n'est pas nuisible, et la question est si la publication d'un fait réel dont la connaissance peut
faire hausser le prix des denrées , doit être considérée comme un acte nuisible à la communauté?

dans le cas de négation, l'intention ne peut le rendre criminel.

Souvent la publication de faits réels n'intéresse que certains individus et non le public : Par exemple, si quelqu'un annonce que telles marchandises anglaises affluent, au-delà des demandes, sur un marché étranger, doit-il être entendu que le dommage éprouvé par une baisse dans les prix, résulte du rapport ou de l'affluence ? Celui qui répand la nouvelle, sera-t-il poursuivi criminellement pour avoir annoncé la vérité ?

Dans la décision des juges réunis, il n'est question que de *fausses nouvelles*. Peut-être sous cette dénomination, la propagation faite avec intention de causer un dommage à la communauté, est-elle comprise comme criminelle.

Dans cette espèce de tort se trouvent classés les prophéties, horoscopes et autres moyens de causer préjudice en publiant des prédictions.

Par les statuts de la reine Élisabeth, toute publication de prophéties dont la tendance est d'inciter le peuple au tumulte ou à la rébellion, est punie d'une année de détention, et de 10 liv. sterl. d'amende : en cas de récidive, la détention est perpétuelle, avec confiscation de biens.

CHAPITRE XXXIII.

PROVOCATION A UN ACTE ILLÉGAL.

Il est établi que toute diffamation ou écrite ou emblématique, pouvant provoquer un homme à commettre des actes de violence, par dépit de se voir l'objet de la haine, du mépris ou du ridicule, est un libelle considéré sous ce point de vue comme criminel. De telles publications excitant à la vengeance, et tendant à troubler l'ordre, il est du devoir du magistrat d'en poursuivre la punition comme tort envers le public, indépendamment des poursuites ou réparations exercées par celui qui est outragé.

Le dégré de réalité dans le fait imputé est indifférent au fond de la question : la loi réprouve toutes les causes de provocation, et la vérité n'en est pas exceptée. La justification de la vérité peut servir pour atténuer le tort envers l'individu outragé, et altérer ses droits à la réparation : mais ici l'individu n'est pas partie nécessaire ; c'est le ministère public qui poursuit une atteinte contre la tranquillité, sans égard pour le fond de l'injure, pour la cause qui l'a fait naître, ou pour le tempérament de celui contre qui elle est dirigée ; le tort envers la société est tout entier dans l'acte extérieur de provocation.

La diffamation verbale n'est pas considérée comme un acte de provocation susceptible d'être poursuivi criminellement. Cette distinction est établie par l'expérience , plutôt que fondée sur les principes naturels. Les effets pénétrants du libelle aggravent le tort aux yeux de la loi, et cependant il semble qu'un langage insultant, proféré publiquement, produit à un plus haut degré cette irritation subite qui porte à oublier toutes les considérations, pour n'écouter que la vengeance. Mais cette distinction a été déjà débattue dans le chapitre VI, et l'on a vu que les règles, qui régissent également le cas actuel, placent la gravité du tort dans le mode de propagation qui prouve le plus évidemment un acte délibéré.

Dans le nombre des causes de provocation à commettre un acte illégal , se trouve naturellement tout écrit en forme d'appel , défi ou insinuation quelconque , dont l'objet est de porter un homme à se battre en duel. Si le cartel est indirect, le texte s'explique par les circonstances qui en ont précédé l'envoi.

Lorsqu'un homme est excité par un libelle, ou par tout autre signe irritant, à exercer un acte de violence, il n'est pas seul responsable de toutes les conséquences ; la loi voit aussi comme coupable celui dont l'agression a occasionné l'acte illégal, celui qui spéculait sur l'extravagance des passions pour effectuer le mal. Si l'ordre public est troublé par l'effet de l'excitation, le provocateur a participé au fait comme l'agent.

Mais pour constituer un crime contre les lois humaines, une intention perverse doit être jointe à un acte illégal. Comme c'est le rapport du tort intentionnel avec le dommage qui donne droit à réparation dans les cas privés, de même, pour rendre un individu passible des peines infligées pour le tort envers la société, ce tort doit être jugé suivant les règles relatives à l'injure faite à la personne : la différence dans la nature du tort ne s'étend pas à sa source ; ainsi, les observations faites précédemment sur la malveillance dans son sens légal, sur les présomptions contradictoires, et sur les moyens d'évidence, sont applicables au présent sujet.

Il y a cause à poursuites pour un libelle contre la mémoire d'un individu, s'il est publié avec l'intention d'attirer sur sa famille et sur sa postérité la disgrâce et le mépris. Le but de cette règle est, suivant lord Coke, « de procurer à la partie offensée des moyens de réparation, qu'elle chercherait autrement dans la vengeance personnelle » et c'est en considérant l'offense sous ce point de vue qu'elle est classée dans ce chapitre.

Lord Kennyon observa dans une cause : « Il » est absurde de soutenir que la mort met la » conduite d'un homme à l'abri d'examen moral. » Si en même temps que les âges s'écoulent, » le vice n'était pas placé en opposition avec la » vertu par des exemples, l'histoire ne serait qu'un » recueil de faits sans utilité. » D'après cette observation, il semblerait qu'une certaine latitude est accordée à la censure publique, sur les actions d'un homme qui, n'existant plus, ne peut en éprouver aucun dommage, et que les égards dûs à la famille sont le seul point d'intérêt légal.

Il y a cause à poursuites pour un libelle tendant à provoquer l'indignation populaire.

Un journal publia « qu'une juive et son enfant avaient été assassinés par des juifs arrivés du Portugal, et demeurant près de Broad Street, parce que le père de l'enfant était chrétien. » La populace mise en mouvement par cette annonce incendiaire, se porta sur Broad Street et plusieurs juifs furent victimes de son indignation. La cour observa que « cette publication méritait punition ; que de tels avertissements provoquaient le tumulte, et portaient le peuple à exercer des cruautés sur une classe de particuliers innocents. »

Il a été précédemment observé que la justi-fication de la vérité n'était pas un moyen de défense dans une action judiciaire exercée par le ministère public ; et qu'un plaignant, réellement coupable de l'offense imputée, était personnellement exclus du droit à réparation, parce que sa disgrâce était l'effet naturel de sa conduite. Dans une cause au criminel le plaignant n'est que l'occasion des poursuites ; et aucun vice, dans sa réclamation, ne peut écarter du libelliste la punition infligée au nom de la sécurité publique. De nombreuses objections s'étant élevées contre cette doctrine, particulièrement dans son application au cas de provocation à un acte illégal, nous ferons quelques remarques sur les raisons qui fondent ces règles.

Puisque les caractères principaux du délit sont le préjudice et l'intention, toutes tentatives ou instigations directes ayant pour but de violer la loi, sont criminelles. La justice de cette règle est incontestable : aucune société ne peut tolérer l'infraction à ses lois, mais la question est, si une personne qui publie une vérité capable de porter celui qui en est l'objet, à commettre un acte illégal, se trouve comprise dans cette règle ? On répond, que le point en considération aux yeux de la société est le mouvement violent qui peut résulter de la provocation ; et quoique la diffamation ne légitime pas l'acte de vengeance, surtout si la personne diffamée est coupable du fait imputé, cependant le blâme est attribué à celui qui méchamment à été la cause de l'acte illégal.

Chacun a sans doute le droit de publier la vérité, mais l'exercice de ce droit est subordonné aux convenances sociales, qui lui ont imposé quelques restrictions. La loi établit des circonstances où l'acte innocent en lui-même devient, par ses rapports envers la société, un tort condamnable: par exemple suivre une profession quelconque, ne peut qu'être louable, et cependant il serait illégal d'exercer tel métier dans un lieu où le voisinage ne pourrait s'accommoder de l'odeur ou du bruit. Dans le cas de libelle, il faut distinguer le droit de publier la vérité, du droit de nuire; et si en publiant la vérité on doit causer un préjudice, on doit s'en abstenir, ou s'attendre à répondre des conséquences.

L'intention est attribuée à un acte illégal, lorsque les résultats de cet acte pouvaient être prévus; ainsi dans le sens légal les fins se présument des moyens calculés pour y parvenir. Ici quoique le but immédiat puisse être seulement d'affecter la sensibilité de celui à qui s'adresse une vérité offensante, l'effet prévu est l'exaspération et ses déplorables suites, qui constituent le préjudice envers la société.

Suivant ces principes, il est insignifiant, pour ce qui concerne l'intention, que l'imputation soit fausse ou vraie, puisque le résultat est semblable, puisque la vérité peut, comme le mensonge, servir la méchanceté et que le coupable peut comme l'innocent se livrer à la vengeance.

Ces observations s'appliquent à tous les cas où l'acte n'est attribué à aucun autre motif qu'au dessein d'outrager un individu, en dédaignant les égards dûs aux intérêts de la société, et alors il existe intention coupable dans le sens légal.

Si le défendeur pouvait démontrer qu'en publiant la vérité il avait en vue les intérêts de la société en général, ou seulement certains avantages individuels, quelle qu'eût été son erreur, le motif légitimerait l'action. Toute personne est autorisée à publier une vérité *utile* suivant l'acception légale : la prohibition ne s'étend pas au delà du mal causé avec intention, et par des motifs que la loi réprouve comme illégitimes.

D'ailleurs la justification de la vérité, dans une action judiciaire, n'est pas absolument interdite ; jamais, il est vrai, elle ne peut servir à absoudre du fait de scandale, mais elle est admise quelquefois en atténuation du tort, et souvent elle contribue matériellement à adoucir la sévérité de la justice dans l'application des peines.

Les raisons qui portent à refuser en général d'admettre l'exposé de la vérité comme défense légale, sont fondées sur des principes dont le simple bon sens peut apprécier la justesse.

« *Dans une société bien régie, la justice civile est chargée de la poursuite des délits; c'est devant elle seulement que le coupable doit être traduit; nul homme n'a le droit, sans y être autorisé par ses fonctions, de dénoncer publiquement le criminel, autrement que par les voies légales, et toutes les actions que la loi tolère sont à l'abri de la censure individuelle propagée par les signes.* »

C'est en se pénétrant de ces principes que l'esprit distingue le sens moral et légal de cette sentence du lord Mansfield : (*The more the truth, the more the libel*), « Plus la vérité est évidente, plus le libelle est répréhensible. » Peut-on en effet ne pas voir que si le libelle imprime le ridicule ou le mépris sur un homme, par la peinture de ses difformités, de ses erreurs, ou même de certaines circonstances auxquelles il ne participe que par la peine qu'il en éprouve, la justification de la vérité, devant un tribunal, aggraverait l'injure et causerait un nouveau scandale? Comment soutenir qu'un folliculaire est autorisé à signaler les infirmités , les faiblesses ou les fautes de ses semblables ? Si l'inconvénient de publier toute vérité , n'était pas rendu sensible , en ne l'appliquant qu'aux individus considérés isolément , on pourrait demander s'il ne serait pas anti-social de permettre la justification de la vérité dans le cas d'un libelle contre la religion, les mœurs ou les lois fondamentales? On demanderait si nier l'existencè de Dieu , ou faire l'apologie du parjure , seraient des thèses à soutenir dans le sanctuaire de la justice ?

Dans l'action juridique pour provocation à un acte illégal, le défendeur ne peut même pas toujours justifier du motif de Ouï - dire , ainsi qu'il est expliqué au chapitre XIV. L'intention bienveillante , implicitement admise dans la simple divulgation du scandale , ne peut être apperçue, même en signalant l'auteur du scandale , lorsque le rapport injurieux n'est que le texte d'un discours irritant. Si un coupable, au moment d'expirer sur l'échafaud, accusait ses juges d'iniquité, celui qui publierait une telle offense ne pourrait certainement espérer l'impunité, en justifiant de son auteur.

CHAPITRE XXXIV.

CARACTÈRES EXTÉRIEURS DU TORT PUBLIC.

Dans l'action civile le plaignant, pour avoir droit à des dommages, doit prouver une publication injurieuse faite par le défendeur, avec intention de lui nuire. Les règles sont les mêmes dans la procédure criminelle, sauf cette exception, que l'envoi du libelle à la personne qui en est l'objet, sans autre publication, suffit pour autoriser les poursuites, à cause de la tendance à provoquer un acte illégal.

Maintenant nous rechercherons si l'offense peut exister autrement que par l'acte de publication, et pour procéder avec clarté, nous considérerons tous les moyens par lesquels un individu peut être coopérateur d'un libelle et à quel dégré ces moyens sont criminels.

On peut être coopérateur d'un libelle 1° en fournissant les idées : 2° en donnant une forme à ces idées ; 3° en recelant le libelle ; 4° en le propageant.

Toutes les formes du tort sont comprises dans ces quatre situations. Fournir des idées, c'est les dicter, et conséquemment les communiquer à une tierce personne ; propager est l'acte de publication ; ainsi les deux seuls points à éclaircir sont 1° la forme donnée aux idées ; 2° la conservation du libelle.

Dans une cause devant la *chambre étoilée*, il fut décidé que « si quelqu'un trouvant un libelle, *voulait se garantir du danger*, il pouvait ou le brûler ou le livrer aux magistrats, s'il était dirigé contre une personne privée ; mais que s'il concernait une personne ayant un caractère public, il devait être remis sur-le-champ aux magistrats. » Il est difficile de distinguer si cette décision était la prescription d'un devoir absolu, plutôt que l'indication d'un acte de raison ; mais le doute est dissipé : il a été établi depuis, que celui qui trouve un libelle n'est pas répréhensible en le conservant, et qu'il est seulement responsable de toutes les circonstances qui pourraient le rendre public.

Une accusation ayant été dirigée contre le fabricateur d'un libelle, il fut mis sous les yeux des juges deux libelles imprimés trouvés au domicile de l'accusé en exécutant les perquisitions ordonnées par le secrétaire d'état. L'opinion de la cour fut « qu'il n'existait pas de crime, et qu'avoir un libelle en sa possession, sans le livrer aux magistrats, ne pouvait attirer de châtiment

que devant la *chambre étoilée*, dont la juridiction s'étendait sur les crimes d'état. »

Dans une cause, le premier juge, Holt,
maintint « que conserver et transcrire un libelle,
« avec intention de le publier, est criminel,
» lors même que la publication ne s'effectue
» pas ; parce qu'il ne doit pas être permis de
» conserver de tels instruments du mal. » Le
défendeur ayant été condamné pour avoir écrit
et *conservé* certain libelle, etc., lord Holt sem-
bla revenir sur sa première opinion en disant,
qu'il était plus à propos d'omettre le mot « conservé, » et le jugement fut prononcé seulement pour avoir écrit. — En rappelant cette
cause, le lord Cambden remarqua « si la pre-
» mière opinion du lord Holt avait fait loi,
» certain libelle, piquant par sa singularité, eût
» pu rendre coupable tout le royaume en peu
» de temps, et alors il aurait été difficile de
» trouver un jury innocent parmi tant de millions
» de criminels. »

Dans une cause, le jury, par une déclaration
spéciale, prononça : « Une personne à nous in-
connue a prononcé, dicté et répété le libelle
que l'accusé a écrit ; si cet acte le rend coupable
d'avoir fabriqué le libelle, nous le déclarons
coupable ; mais sur le fait de publication, nous
l'acquittons. » Après divers arguments, la cour

observa : « Faire un libelle est une offense indé-
pendante du fait de publication. Si l'un dicte et
l'autre écrit, tous deux sont également répréhensibles. Écrire est une approbation tacite et une
coopération au mal. » Le jugement fut cependant ajourné indéfiniment.

Beere, trouvé coupable d'avoir écrit et conservé plusieurs libelles, fut acquitté sur le point
de composition. Lord Holt disserta longuement
pour démontrer « que copier un libelle était li-
» belle parce que cet acte comprenait tout ce
» qui est nécessaire pour caractériser le libelle,
» le sujet scandaleux, et les conséquences nui-
» sibles ; que copier un libelle, c'est tendre à
» le propager en le multipliant, et c'est aussi le
» perpétuer et en préparer la publication, puis-
» qu'il doit arriver entre les mains d'autres per-
» sonnes par la mort du possesseur ou par d'au-
» tres accidents imprévus ; que, s'il est licite de
» copier un libelle, l'imprimer ne sera pas non
» plus une offense, et qu'alors il n'y aura plus
» de sécurité pour le gouvernement. » Les
autres juges partagèrent cette opinion.

Knell fut accusé pour avoir imprimé et publié
un libelle. L'évidence démontra qu'il était ouvrier
compositeur, et que lui et un autre, compo-
sèrent le journal en se partageant les colonnes.
On argua en défense que n'ayant composé que

des fragments, il pouvait n'avoir pas distingué le sens nuisible du libelle, et que par le travail mécanique de composition, il ne pouvait être trouvé coupable d'avoir imprimé, et publié sciemment le libelle. Il fut répondu que pour faute grave (*misdemeanor*), l'accessoire était considéré comme principal ; que composer était prendre copie, et conséquemment publier, d'après l'interprétation légale. Cependant le premier juge engagea le jury à acquitter l'accusé sur le fait de publication, et si l'évidence ne présentait pas de doute, à le trouver seulement coupable d'avoir imprimé. Il fut condamné à deux expositions publiques, et à six mois de travaux forcés.

Suivant ces décisions, *contribuer en quelque manière que ce puisse être à la confection d'un libelle, est se rendre coupable de ses effets ; et conserver un libelle en sa possession, n'est pas un tort légal.*

CHAPITRE XXXV.

CARACTÈRES INTIMES DU TORT PUBLIC.

L'offense se distingue sous quatre points de vue principaux :

1º L'acte extérieur, ou le fait matériel de fabrication ou de publication du libelle ;

2º La forme d'expression, ou le sens naturel ou virtuel qui rend l'écrit acte illégal, ou libelle ;

3º La tendance du libelle à produire un mal public par le sens qu'il présente.

4º L'intention criminelle qui a dirigé l'action, comprenant la connaissance des qualités nuisibles du libelle.

Les deux premiers points sont purement de fait, et ont toujours été soumis à la décision d'un jury, d'après cette maxime *ad quæstionem facti respondent juratores, ad quæstionem juris respondent judices.*

Quant à savoir si la tendance de la publication et l'intention de commettre le tort, avec une parfaite connaissance de toutes ses conséquences, doivent être de la connaissance ou du jury ou des juges, c'est le sujet de discussion le plus intéressant de ce traité.

L'essence du libelle est dans la *tendance* éventuelle à produire le mal. Lorsque la publication et la contexture intelligible du libelle ont été avérées, la tendance résultant de l'acte extérieur, est un point qui se détermine par la seule action du raisonnement. Mais la tendance n'est pas en elle-même une question de droit, puisqu'elle consiste dans des effets relatifs, éventuels, probables ou incertains, lesquels ne peuvent être déterminés par l'autorité des *précédents*, qui tiennent lieu de loi, et qui n'ont pu régler des cas imprévus : elle dépend en grande partie de diverses circonstances accessoires, de la situation de l'esprit public, et de certains événements particuliers. La tendance n'est pas non plus une simple question de fait, puisqu'elle ne s'établit pas par des effets visibles, tels qu'un rassemblement séditieux, sur lequel le jury peut prononcer pertinemment en recherchant les causes, ou d'autres faits, dont le développement produit une conviction intime, fondée sur des preuves déterminantes. Ainsi la question de tendance, à décider par la nature d'un écrit, sans le secours des autorités antérieures, qui n'ont pu prévoir la contexture insidieuse et le caractère pernicieux des applications, offre des difficultés qu'un jugement sain doit résoudre par les rapports qui existent entre les qualités nuisibles du libelle et l'état de la société, plutôt que par une profonde connaissance des lois, ou par l'aide de preuves évidentes.

Après la suppression de la *chambre étoilée*, qui exerçait un pouvoir sans limites sur les points de fait et de droit, la connaissance de cette sorte d'offense ressortit de la cour du *banc du roi* pour être jugée constitutionnellement par l'intervention d'un jury, et encore long-temps après, aucun doute ne s'éleva sur le droit du jury à prononcer d'une manière générale dans le cas de libelle, comme dans tous autres de procédure criminelle.

En 1670, deux quakers, Penn et Mead, furent traduits pour « des prédications séditieuses faites devant une réunion tumultueuse dans Grace-Church-Street. » Après les débats, le magistrat dit au jury « qu'il devait seulement prononcer si les accusés avaient ou n'avaient pas prêché illégalement ; que la gravité du caractère séditieux de leurs prédications était un point de droit à décider par les juges, et que son devoir était de se conformer à cette règle. » Le jury prononça que Penn était coupable d'avoir *parlé* au peuple dans Grace-Church-Street. Cette déclaration ayant été rejetée par le magistrat, le jury se retira de nouveau pour délibérer, et rapporta ensuite la déclaration de « *acquitté* ». La cour

considéra cette déclaration comme une insulte ,
et condamna chacun des jurés à une amende de
quarante marcs. Bushel, l'un des jurés, refusant de payer l'amende , fut emprisonné ; et sur
la sommation faite en vertu de l'acte d'*habeas
corpus* (1), on rapporta cet extrait de l'écrou,
« Pour avoir acquitté Penn et Mead contre les
lois, contre l'évidence et contre la direction de
la cour en matière de loi. » Dans le jugement de
cette cause, le lord premier juge Vaughan dit:
« Ces mots : « *Le jury a acquitté contre la di-
» rection de la cour en matière de loi* » pris
» littéralement, sont insignifiants et même inin
» telligibles. La déclaration d'un jury n'ayant
» aucun rapport avec la loi, il ne peut être in
» culpé sur ce point. Écartons donc de la cause
» ces mots dont l'extérieur imposant ne parvient

---

(1) Forme d'une sommation , faite en vertu de l'acte
d'*habeas corpus*. — Georges III , etc. au maire , échevins
et officiers de justice de la ville de Londres ; salut. Nous
vous commandons de traduire devant nous à Wesminster, le jour de...., sous bonne et sûre garde , le corps
de J. G. , qu'on dit être détenu dans notre prison sous
votre surveillance ou celle de vos agents; et vous indiquerez
la date et la cause de sa détention sous quelque nom qu'il
ait été écroué. Cette extradition a pour objet de mettre
ledit J. G. en état de répondre aux interpellations de A. D.,
et d'éclairer notre jugement sur la nature de la cause.

» pas à cacher la nullité réelle. Leur sens serait-il
» que les juges, pénétrés de l'évidence, ont dû
» dire au jury : «Vous déciderez ainsi»? Serait-ce
» que le jury oblige à des égards et cause des
» délais inutiles ? Serait-il entendu qu'il est
» mieux de l'abolir ? Ces inductions, qui ressor-
» tent de la cause, prouveraient d'étranges idées
» sur une institution consacrée par les siècles. Si
» le juge forme son jugement d'après l'évidence,
» et prononce ensuite que telle est la loi à ob-
» server par le jury, il est plus simple de se
» dégager de cette sujétion en s'abstenant de
» consulter dérisoirement le jury. »

Dans la cause des sept évêques poursuivis
sous Jacques II en 1688, pour une pétition en
forme de remontrances sur une extension du
pouvoir royal, présumée illégale; les juges,
quoique contraires aux accusés, refusèrent d'a-
bord d'adhérer à la doctrine de l'avocat-général,
qui soutenait que le point de *malveillance* devait se séparer du fait, et que le jury n'avait à
prononcer que sur la publication.

Les accusés produisirent, comme justification
des raisons alléguées dans la pétition, plusieurs
documents parlementaires qui prouvaient l'illégalité du pouvoir que le roi s'attribuait : alors
l'avocat-général témoigna ironiquement son regret de la peine prise inutilement dans la pro-

duction de ces papiers. Le lord premier juge Wright lui répondit : « Telles sont leurs raisons, Monsieur l'avocat ; c'est à vous à y répondre, et ils attendent que vous démontriez comment ils ont offensé le gouvernement ou affaibli l'autorité royale. » L'avocat-général se borna à soutenir « que le point de malveillance devait être séparé du fait ; que si l'acte était illégal , la loi le reconnaissait séditieux , et qu'en effectuant le trouble , un accusé ne pouvait alléguer la pureté de ses intentions. »

Cette opinion prévalut ; et après avoir résumé la cause , le premier juge s'adressa ainsi au jury : « Si vous décidez que la pétition a été illégalement présentée au roi, nous examinerons si elle est un libelle séditieux. » Puis, sur l'affirmative, il donna comme opinion que le libelle était séditieux , et invita les autres juges à prononcer sur ce point de droit. La majorité y acquiesça.

Dans une cause où un ouvrier imprimeur était traduit pour libelle, sur l'allégation qu'il n'avait été qu'un instrument passif, le premier juge Raymond informa le jury qu'il ne pouvait prononcer que sur le fait d'impression et de publication.

Dans une autre cause , le même juge dit : « Trois points sont en considération ; la publication et le sens de l'écrit sont dans les attributions du jury, et la question de droit ou la crimi-

nalité, comprenant la tendance intentionnelle,
appartient à la cour. » Les premiers juges Lee
et Ryder suivaient cette doctrine.

Le lord Mansfield professa long-temps les
mêmes principes sans rencontrer d'opposition ;
mais dans une cause où l'accusation avait pour
objet la publication des *Lettres de Junius*, le
jury déclara l'accusé « coupable d'avoir imprimé et publié *seulement*. » Lors de la demande
en arrêt de jugement, il fut argué que l'intention criminelle faisant partie essentielle de l'offense, elle devait être considérée comme non
existante par l'omission que le jury en avait expressément faite dans sa déclaration. L'avocat-
général répondit que la fabrication et la publication du libelle étant les seuls points soumis à
l'examen du jury, la déclaration était valable,
et que les juges détermineraient l'intention et la
tendance par la contexture du libelle. Le lord
Mansfield, en prononçant le jugement, observa : « Il est des cas où le fait de publication
» peut être jugé comme légal ou innocent. Lors
» même que l'écrit serait un libelle, l'acte de
» publication pourrait n'être pas criminel, et
» dans ce cas le jury serait naturellement juge
» de l'intention qui a dirigé l'acte de publication;
» mais cette question n'est pas celle qui se pré-
» sente dans la cause. J'ai porté le jury à consi-

» dérer si toutes les inductions et les applica-
» tions aux choses et aux personnes , telles
» qu'elles sont portées dans l'acte d'accusation,
» se rapportaient à l'accusé et au livre signalé
» comme libelle ; et dans le cas où elles seraient
» conformes, à déclarer l'accusé coupable. S'il
» eût été nécessaire que l'intention de commettre
» un acte séditieux fût reconnue par le jury, la
» direction que j'ai donnée serait fautive ; mais
» décider si, d'après la loi, l'écrit a les carac-
» tères d'un libelle séditieux, est un point ré-
» servé aux juges ; et les qualifications de l'é-
» crit, exprimées dans l'acte d'accusation, doi-
» vent être confirmées par des considérations
» légales séparées du fait de fabrication et de
» publication. La déclaration du jury est ce
» qu'elle devait être : elle prépare éventuelle-
» ment la condamnation du tort que la loi infère
» de l'acte. Si un acte, indifférent en lui-même,
» est, par une intention particulière, devenu
» criminel, alors cette intention doit être prou-
» vée par le ministère public et admise par le
» jury ; mais lorsque l'acte est en lui-même illé-
» gal, lorsque l'écrit publié est criminel, c'est
» à l'accusé à prouver l'innocence de ses inten-
» tions en le publiant ; et s'il faillit dans ses
» preuves, le juge n'a plus qu'à confirmer la
» déclaration du jury. »

La légalité de cette doctrine fut expressément confirmée dans une cause devant le juge Buller. Il observa au jury : « Vous n'avez pas à décider si le pamphlet est ou n'est pas libelle séditieux. Si vous avez acquis la conviction que l'accusé a publié le pamphlet, et que les inductions allé-guées sur le point de fait pour en caractériser l'illégalité, lui sont applicables, vous devez dé-clarer l'accusé coupable : si vous n'avez pas cette conviction, vous devez l'acquitter. » Le jury déclara « coupable de publication *seulement.* » Le juge informa le jury que par le mot *seulement* les inductions étrangères au fait, et impliquant la criminalité se trouvant infirmées, la déclara-tion n'était pas admissible, mais qu'en omettant ce mot, la question de loi demeurerait indécise, et l'accusé pourrait plaider en arrêt de jugement. M. Erskine, avocat de l'accusé, acquiesça à cet accommodement, et le jury modifia ainsi sa dé-claration : « coupable de publication, mais sans pouvoir affirmer que c'est un libelle ».

Le jugement fut prononcé contre l'accusé, et dans la demande en appel, fondée sur la fausse direction donnée au jury par le juge, M. Erskine soumit ces cinq points.

1°. Dans les cas criminels, le jury prononce sur l'accusation d'une manière générale, et non spécialement sur certaines parties. De temps immémorial, la coutume est que l'accusé livre son sort à la conscience d'un jury dont la décision est complète, générale et définitive ; cette doctrine est soutenue par les plus célèbres jurisconsultes ; ils attribuent au jury le droit de donner une déclaration générale , et aux juges le devoir de l'éclairer. Cette formalité nécessaire a été omise : le jury a eu pour seule information que ni la tendance de l'écrit, ni l'intention criminelle de l'accusé n'étaient de sa juridiction ; ainsi l'accusé a été jugé coupable sans examen de son action , et sans que le jury ait pu s'éclairer sur son innocence.

2°. Dégagé de l'intention, aucun acte n'est crime : le fait n'est que l'indication du tort, et il ne devient offense que par la déclaration du jury. Cette déclaration explicite doit comprendre toutes les questions et de droit et de fait dans ces seuls mots « coupable » ou « non coupable », dès-lors un juge, en invitant le jury à prononcer d'une manière générale qui détermine l'innocence ou le crime, doit abandonner à sa considération tous les points qui peuvent déterminer la conscience à prononcer cet arrêt d'absolution ou de condamnation dans lequel le droit et le fait sont confondus. Ici la déclaration est ou générale ou spéciale : générale, elle a été le résultat d'un examen limité ; spéciale, le mot coupable ne devait pas y être placé. Ce mot coupable est ou absolu, ou une simple expression formulaire : absolu, il est prononcé sans que l'esprit ait été éclairé par une évidence complette ; formulaire, il n'est pas une sentence.

3°. Le libelle n'est pas exposé sous les yeux du jury pour être considéré et jugé dans son ensemble : une partie seulement lui est soumise en forme d'accusation, et c'est par cette partie qu'il doit prononcer implicitement sur la qualité de l'ensemble ; ainsi l'accusé est privé de la faculté de faire ressortir son innocence de la contexture du pamphlet, dans les rapports explicatifs de ses parties, puisque le jury ne peut prononcer que sur le fait de publication intentionnelle et sur le sens du sujet tronqué qui est indiqué dans l'acte d'accusation, et que l'explication du tout par la partie, comme de la partie par le tout, pour déterminer s'il existe libelle séditieux, est un point de loi réservé à la seule considération des juges. Accorder que le jury peut prendre connaissance d'un pamphlet, afin de décider le point de publication intentionnelle, et la forme d'expression de la partie dénoncée, c'est admettre son droit à juger du caractère de l'ouvrage et de l'intention de l'auteur ; car il serait étrange d'accorder que le jury a le droit de prononcer qu'un fragment signalé comme libelle par l'acte d'accusation, n'est pas conçu dans le sens qui lui est attribué en l'expliquant par l'ensemble de l'ouvrage dont il est partie, et qu'il lui fût interdit d'affirmer que la totalité de l'écrit est innocente, parce que cette totalité n'a pas été indiquée dans l'acte d'accusation.

Il serait absurde de soutenir que l'intention de publier des expressions susceptibles de porter un jury à appliquer l'épithète de *coupable* à un individu, peut se montrer comme un fait par l'évidence d'actes extérieurs tels que l'existence de l'écrit, et en même temps d'ajouter que l'induction de criminalité ressortant de la publication, est un point de droit qui ne peut être décidé par le jury. Les conséquences d'une telle doctrine seraient plus étendues et plus dangereuses qu'on ne le pense, puisque si l'intention séditieuse est inférée de la publication d'un écrit dénoncé comme libelle, l'intention de crime d'état peut être inférée de la publication d'un écrit dénoncé comme acte extérieur de trahison.

4°. Un libelle séditieux ne contient aucun point de droit, à décider par les lumières des *précédents* ; tout y est soumis à l'opération du jugement éclairé par la démonstration. La cour, en considérant la question du libelle, telle qu'elle est posée par l'acte d'accusation, est circonscrite dans l'usage des moyens propres à éclairer son jugement, et ne peut s'aider d'aucunes circonstances hors de ces limites, parce qu'en franchissant cette barrière légale, son jugement porterait sur des faits qui ne sont pas exposés en évidence. Cette objection cesserait d'exister si la tendance séditieuse était considérée comme un point de fait, parce qu'alors il faudrait soumettre à l'examen du jury l'évidence et matérielle et morale de toutes les circonstances qui établissent la tendance séditieuse de l'écrit.

5°. Dans tous les cas où l'intention de nuire, qui est de l'essence du tort, ne peut être induite par la simple induction résultante du fait, en raison de ce que l'accusé apporte des preuves contraires à cette induction, l'intention est alors une question de fait ou d'opinion à livrer à la considération du jury. Suivant lord Mansfield, la publication illégale n'est que l'indication de l'intention criminelle, et cependant lorsque dans le cas présent il a été offert évidence sur les points réservés par la cour, le même juge l'a soustraite à la juridiction du jury. Dans une cause précédente il fut pourtant maintenu que pour être convaincu en matière de libelle, il fallait l'avoir ou rédigé ou écrit ou publié, en sachant que c'était un libelle ; et certainement il n'était pas entendu que cette connaissance se bornait à être informé de son contenu littéral, parce que ç'aurait été établir la criminalité sur l'acte extérieur, sans considérer si les qualités dangereuses de l'écrit étaient connues, ce qui aurait été décider implicitement que les enfants et les idiots pouvaient s'en rendre coupables.

Lord Mansfield en prononçant le jugement, dit : « La première des objections est applicable
» au cas actuel, en ce qui est que l'évidence
» d'une justification légale n'est pas abandonnée
» à l'examen d'un jury. Sur ce point il s'élève
» deux questions, l'une de droit, l'autre de fait :
» savoir si la justification est légale, est une
» question de droit; savoir si elle est vraie, est
» une question de fait. D'après cette distinction,
» en indiquant la question sur le point de vé-
» rité comme la seule à résoudre, le juge doit
» diriger le jury, et le devoir du jury est de
» suivre cette direction, quoique par une décla-
» ration générale il ait le pouvoir de confondre le
» droit et le fait, et de suivre le mouvement de ses
» passions et de ses affections. Sur les autres ob-
» jections, la réponse est que par la constitution le
» jury ne doit pas prononcer sur la question de
» droit, c'est-à-dire, si l'écrit impliquant une
» intention, et publié sans un motif légal, est
» criminel; et qu'il ne peut non plus décider

» ce point contre l'accusé, parce qu'après la
» déclaration du jury sur le fait, il est de la
» compétence de la cour de juger la crimina-
» lité. Que par ce mode, particulier à la pro-
» cédure pour libelle, la question de droit reste
» implicitement exceptée de la déclaration ;
» de sorte qu'une déclaration générale contre
» l'accusé, équivaut seulement à la déclaration
» spéciale donnée dans les autres procédures.
» Que l'usage prouve l'existence de cette règle,
» puisqu'une déclaration spéciale n'a jamais été
» donnée en matière de libelle. Que tous les
» points de légalité ou de légitimité dans l'ac-
» complissement d'un acte, sont, avec l'induction
» d'intention, réservés aux organes des lois.
» Que cette pratique a été observée sans op-
» position depuis la révolution. Que l'insti-
» tution du jury repose sur cette maxime uni-
» versellement reconnue, et à laquelle il n'est
» fait aucune exception *ad quæstionem facti*
» *respondent juratores, ad quæstionem juris*
» *respondent judices.* Que, où les questions
» peuvent être séparées par la forme, la dis-
» tinction s'établit avec précision ; mais que
» dans le cas où il est impossible qu'elles ne
» soient pas confondues, la distinction est impli-
» citement réservée par la déférence du jury. »
L'appel fut rejeté.

Comme objet de curiosité spéculative, on ne peut que trouver singulier qu'une détermination sur les quatre points qui composent le tort en matière de libelle, ait donné cause à une série d'arguments si compliqués, à une époque aussi avancée que celle où se trouve la jurisprudence anglaise. Dans cette dissertation on remarque aussi des éléments de construction légale, et de définition, qui, en les modifiant, peuvent s'appliquer à d'autres cas qu'à ceux du libelle.

Ce qui n'est pas le moins intéressant, dans cette discussion, c'est qu'il existait accord sur tous les points considérés comme essentiels dans la théorie d'une justice exacte ; que les opinions différaient seulement sur les meilleurs moyens d'atteindre le but que la loi se propose, et qu'il était admis des deux parts que la *tendance au mal* dans un écrit public, et l'*intention criminelle* dans le propagateur, étaient nécessaires pour constituer le tort.

Après cet examen rapide des principales décisions sur cet objet, il ne reste plus qu'à rapporter l'acte de législation qui a mis fin à toutes les incertitudes. Cet acte est de la trente-deuxième année du règne de Georges III, en 1791.

Ire Section. — » Des doutes s'étant élevés sur » la question de savoir, si dans la procédure par » accusation criminelle, pour la composition ou

» la publication d'un libelle, lorsque le fonds de
» la cause est en question par la négation ju-
» ridique de l'accusé, il est de la compétence
» du jury de donner sa déclaration sur le sujet
» d'une manière générale. Il est arrêté et déclaré
» que dans ces sortes de procédures, le jury
» peut donner une déclaration générale, sur
» toute la matière portée dans l'acte d'accusa-
» tion ; et qu'il ne sera plus requis par les Cours
» de justice, de prononcer la culpabilité, seu-
» lement sur la preuve de publication et sur
» la forme d'expression indiquée et qualifiée
» par l'acte d'accusation. »

IIe Section. — « La Cour donnera son opi-
» nion, et éclairera le jury sur le sujet en géné-
» ral, comme dans les autres procédures cri-
» minelles. »

IIIme Section. — « Cet acte ne prive pas le jury
» de la faculté de prononcer spécialement sur
» certains points, en abandonnant certains autres
» à la sagesse des juges. »

IVme Section. — « Si le jury prononce que
» l'accusé est coupable, ledit accusé pourra,
» comme par le passé, plaider en arrêt de juge-
» ment. »

Ce n'est que depuis cette loi, en 1791, que
la presse a été considérée comme réellement libre en Angleterre.

CHAPITRE XXXVI.

PROCÉDURE CRIMINELLE.

Pour un tort public, l'action juridique est criminelle et poursuivie au nom du Roi.

L'action s'exerce directement contre la personne.

L'accusé est admis à caution jusqu'au jugement.

Les dépositions devant un magistrat, et toute autre instruction préalable, ne peuvent être reçues comme évidence.

Lorsqu'un écrit est produit en évidence, l'accusé peut exiger qu'il soit lu en entier.

Si le libelle denoncé fait partie d'un journal, l'accusé a le droit de demander la lecture d'autres extraits du même journal ayant rapport au sujet pour lequel il est traduit.

Excepté sur ces divers points, les formes sont les mêmes que dans la procédure civile.

Autrefois la saisie des papiers était autorisée dans les poursuites pour libelle. Vers la fin du règne de Charles II, une résolution unanime des douze juges consacra expressément cette mesure, et depuis elle fut exécutée fréquemment et engendra des abus, dont le célèbre jurisconsulte lord Coke se plaint d'avoir été lui-même la victime : il perdit des contrats d'une grande valeur dans le transport de ses papiers à la secrétairerie d'Etat ; mais, dit-il, « cette perte est insignifiante, si on la compare à tous les dangers dont une telle procédure menace ceux qui en sont l'objet : sans compter le trouble apporté dans la paix domestique, la violation de l'asile, et la privation de cette sécurité si nécessaire au bonheur, un homme peut avoir à répondre pour des écrits qui n'ont jamais été en sa possession, et souvent il est privé de ceux nécessaires à sa défense. »

Le duc de Newcastle, secrétaire d'état, donna l'ordre que « des perquisitions fussent faites dans la demeure du docteur Earbury rédacteur du journal séditieux « le chêne royal, » que ses papiers de toute espèce fussent saisis et apportés devant lui, etc. » Lorsque le défendeur réclama juridiquement ses papiers, le premier juge, Hardwicke, refusa d'interposer l'autorité de la justice pour en obtenir le recouvrement.

Ultérieurement, dans une cause nommée depuis *la grande cause*, cet abus de pouvoir fut réprimé, et il resta décidé qu'un ordre du secrétaire d'état, ayant pour objet la perquisition et la saisie des papiers d'un individu, était illégal. Le premier juge, Cambden, fit cette

observation : « S'il était résolu qu'une telle juri-
» diction dût subsister, les cabinets de tous les
» sujets du royaume pourraient être ouverts, et
» soumis à la recherche et à l'inspection d'un of-
» ficier de police, toutes les fois qu'il plairait au
» ministre d'accuser, ou même de suspecter un
» homme d'être l'auteur, l'imprimeur ou le pro-
» pagateur d'un libelle séditieux. En s'appropriant
» ce pouvoir, le ministre envahit par ses agents
» l'asyle d'un citoyen, et lui arrache ses secrets
» les plus précieux, avant que l'ouvrage, qui lui
» est attribué, ait été jugé criminel par une auto-
» rité compétente, et avant qu'il soit convaincu
» de l'avoir écrit ou publié. Cette puissance
» du ministre n'est déléguée par aucune loi exis-
» tante ; aucun magistrat ne la réclame: lui seul
» s'en empare. Les papiers sont la propriété du
» possesseur et sa plus chère propriété : loin
» d'être soumis à la saisie, ils sont même à l'a-
» bri de l'examen ; et si les secrets qu'ils ren-
» ferment sont violés, il y a droit à des dom-
» mages. Où est la loi écrite qui donne un tel
» pouvoir à aucun magistrat ? Je puis dire avec
» certitude qu'il n'en existe pas, et dès-lors
» nous ne pouvons, privés de cette autorité,
» prononcer qu'un acte est légal lorsqu'il est
» subversif de cette sécurité sur laquelle est
» fondé le bonheur civil. Le droit de saisir un

» libelle, a pour unique soutien, l'opinion des
» douze juges : sous le règne de Charles II, elle
» allait au-delà ; car ils décidèrent que personne
» ne pouvait légalement rien publier concernant
» les affaires publiques, sans l'autorisation du
» roi ; et le premier juge, Scroggs, étendit en-
» core cette doctrine à la saisie de tous les livres,
» pamphlets ou écrits, où il serait traité des
» matières relatives à l'intérêt public ; mais une
» telle autorité doit-elle prévaloir plus long-
» temps dans un pays où règne la liberté ? Il
» est argué, comme un point d'utilité, que la
» perquisition est un moyen de convaincre les
» coupables, en découvrant les preuves de leur
» crime ; sans doute, et j'ajoute même que cette
» mesure est la plus efficace ; mais je désirerais
» qu'il me fût cité un cas où la loi arrache les
» preuves, de la garde du possesseur, par les
» voies juridiques. Dans les lois criminelles
» cette forme de procédure n'a jamais été con-
» çue, et cependant il est des crimes tels que
» l'assassinat, le viol, l'incendie, le vol, le faux
» et le parjure, qui sont plus atroces que le
» libelle ; mais nos lois s'opposent à ce que
» dans tous les cas la perquisition des papiers
» puisse servir à la conviction : que cette re-
» tenue ait sa cause dans la douceur naturelle
» de nos lois ou dans la considération qu'un tel

» pouvoir serait plus dangereux pour l'innocent
» qu'utile au public, c'est ce que je ne veux
» pas décider. Remarquez la bienveillante sa-
» gesse de nos lois ; la plus forte évidence n'est
» avant le jugement qu'un soupçon et non une
» preuve ; et une évidence moindre n'est qu'un
» simple motif de soupçon ; or, supposez que le
» soupçon soit une cause de perquisition, par-
» ticulièrement dans le cas de libelle ; quelle
» tranquille demeure sera respectée ? Certaine-
» ment il est impossible de tolérer une mesure
» aussi opposée à l'esprit de nos lois, et notre
» opinion est que l'ordre de rechercher et de
» saisir les papiers, dans le cas de libelle sédi-
» tieux, est illégal. »

Le 25 avril 1766, la chambre des communes
déclara la saisie des papiers, dans le cas de libelle, *illégale*.

Dans l'intervalle entre la déclaration du jury
et la décision des juges, le coupable est détenu,
à moins que la partie civile ou publique ne con-
sente à ce qu'il soit admis à caution.

Quatre jours sont alloués pour recours en appel. La cour peut, sans que la demande en soit
formelle, intervenir en ordonnant un autre
jugement, dans l'intérêt du condamné, si elle
n'approuve pas la déclaration du jury.

Lorsque l'accusé, déclaré coupable, est amené pour entendre la sentence, il est autorisé à produire des moyens d'atténuation en mitigation de peines : ces moyens doivent tendre à persuader que le tort qui lui est attribué n'a pas été commis avec des intentions criminelles, mais seulement par des causes moins répréhensibles, qui lui donnent droit à l'indulgence. La prudence exige qu'alors il n'oublie pas la réserve nécessitée par sa situation.

Toutes réflexions injurieuses sur la conduite du plaignant, et toutes tentatives faites pour altérer la confiance accordée aux témoignages, ou pour répandre du doute sur la justice de la conviction, sont à éviter par le condamné qui se présente devant le tribunal, non comme accusateur, mais dans la posture d'un suppliant implorant l'indulgence. Si le libelle alléguait quelques faits particuliers, il peut justifier de la vérité par écrit afin d'atténuer sa faute, mais il ne lui est pas permis de s'écarter du sujet pour lequel il est condamné. Si aucune borne n'était imposée à ses clameurs, et qu'il pût témoigner son ressentiment avec impunité, on aurait à craindre qu'il ne se repandît en injures, même envers l'administration de la justice.

Le motif de cette faveur envers un coupable placé sous la main de la justice, est de recueillir l'aveu de son repentir afin d'avoir l'occasion de tempérer la rigueur de la sentence ; c'est un acte de bienveillance que la loi n'a pas prescrit, mais dont l'humanité a fondé l'usage. Un langage bienséant, ou du moins le silence de la résignation, est ce qui distingue alors l'homme égaré par l'erreur, de celui dont l'audace brave les lois.

Le plaignant peut aussi produire des raisons aggravantes ; mais si elles s'étendent au-delà de l'offense déjà jugée, il est alloué au coupable un délai nécessaire pour y répondre.

Des peines. — La diversité des châtiments infligés depuis des siècles pour cette espèce d'offense, prouve combien ses effets ont été différemment appréciés suivant les époques. Les jugements de la *chambre étoilée* offrent des actes de rigueur inconcevables. Wranum, pour avoir fait un libelle contre le chancelier Bacon, fut condamné à une détention perpétuelle, à deux expositions publiques, à avoir les deux oreilles coupées, et à payer mille livres sterlings d'amende. Leighton, pour un écrit contre les prélats, fut condamné aux mêmes peines, et en outre à avoir le nez coupé, le front marqué, et à payer dix mille livres sterlings d'amende. Une multitude d'autres écrivains ont été traités aussi horriblement par ce tribunal abominable.

Maintenant l'infamie de l'exposition n'est que pour les écrits impies ou licencieux ; la détention, l'amende, et des cautions en garantie de la conduite ultérieure, sont les peines généralement infligées.

CHAPITRE XXXVII.

CONCLUSION.

Après avoir expliqué cette branche de jurisprudence dans toutes ses divisions , il est permis
de considérer comment la sagesse des règlements
a vaincu les difficultés qui semblaient insurmon-
tables dans l'introduction du présent traité.

Le premier point, et peut-être le plus digne
de remarque , est qu'aucune autre partie de la
législation ne présente un aussi faible nombre
de règles positives ou législatives. On peut la
considérer comme une suite de conséquences na-
turelles d'un principe incontestable ; et quoique
compliquée, on trouve , en appréciant ses rapports avec les diverses relations sociales, que les
éléments en sont simples et d'une application
facile.

Lorsque les besoins de la société requièrent
l'intervention de la législature , ses actes prohi-
bitifs, sont nécessairement plus péremptoires et
moins conciliants, que ces règles établies par les
convenances pratiques , et sanctionnées par l'expérience ; le temps corrige ces règles , les épure

et les convertit graduellement en lois , que la
sagacité des âges futurs peut encore modifier
avantageusement, par la seule action de la nécessité évidente.

Ces règles, qui font partie de l'administration
de la justice , sont la loi vivante , l'opposition
subite aux excès imprévus ; mais un pouvoir ,
tout à-la-fois judiciaire et législatif, serait devenu
effrayant, s'il avait été son propre agent, s'il avait
exécuté lui-même les mesures qu'il prescrivait.
Pour atténuer et même pour prévenir les dangereux effets de cette puissance, une force de raison, sous la forme de douze citoyens obscurs,
indépendants , purs de toute idée d'intérêt et de
domination, vient absoudre l'innocent et signaler
le criminel. La conscience du jury , sans aucun
moyen d'action, contient les passions humaines
au seul accent de l'équité : Sa puissance inaper-
çue accorde avec la sécurité publique et avec
l'interêt individuel , la libre communication de
la pensée pour laquelle l'homme est qualifié par
les facultés intellectuelles qu'il tient de son créateur. C'est à la voix du jury que la répression
frappe avec une dignité calme et modeste, qui
dissipe tout soupçon d'iniquité.

Si l'on considère le système avec attention ,
on y distingue une sollicitude attentive et prévoyante. Pour autoriser l'action légale, un tort

doit avoir opéré un dommage ; mais afin d'effacer le scandale, la loi, considérant l'urgence, déroge à sa rigidité habituelle, et lorsque le mal peut s'accroître en recherchant des preuves de dommage difficiles à acquérir, elle convertit la présomption en preuve, sauve la réputation de l'offensé des effets d'un délai, et offre les moyens de confondre publiquement la calomnie.

Mais comme cette bienveillance est une déviation des règles générales, elle est restreinte aux cas où le délai peut causer ou présente des dangers, et où il est raisonnablement présumable que la calomnie peut nuire à la liberté individuelle ou aux moyens d'existence ; hors ces exceptions, les preuves de dommage sont requises, et la loi refuse sa protection à celui qui n'est offensé que par le tableau de sa propre conduite.

Les principaux éléments de l'offense criminelle, c'est-à-dire l'*intention méchante* qui produit des actes dont la *tendance* est préjudiciable à la société, sont exposés avec tant de clarté à l'intelligence du jury, qu'il peut, à l'aide de ces erremens, interroger méthodiquement sa conscience sur chacun des caractères du délit.

En même temps que la justice poursuit la licence jusque dans ses détours les plus ténébreux, les intérêts d'un accusé et la liberté d'opinion, ne sont pas sacrifiés à la perversité d'un dénon-

ciateur ou à des craintes chimériques. La société
a le droit incontestable de défendre et de punir
toutes tentatives capables de répandre le désordre dans son sein : une sage politique lui commande d'étouffer ces germes de discorde et
d'immoralité dont l'expansion et la maturité pro-
duiraient infailliblement la subversion du régime
des lois ; et ici les restrictions qu'elle a établies,
s'accordent avec le plus haut dégré de liberté
que l'homme raisonnable puisse désirer. Tout
individu est autorisé à publier sa pensée sans la
soumettre préalablement au contrôle d'un censeur, et il ne peut être trouvé coupable de porter
atteinte au droit commun, en franchissant les
limites d'une sage liberté, qu'après une discussion publique où tous les moyens de défense
compatibles avec l'ordre, lui sont accordés. Des
juges contenus par la publicité de leurs décisions, et jugés eux-mêmes par une opinion sévère, développent, sous tous les aspects, une
doctrine consacrée par les autorités précédentes,
et transmettent à leurs successeurs, dans leurs
adresses au jury, les gages d'une intégrité perpétuelle dans l'administration de la justice.
Douze hommes nommés par le sort, liés par
des serments, libres, indépendants, sans
autre guide que la conscience, recherchent
toutes les circonstances du fait, pénètrent l'in-

tention à l'aide des lumières de la bonne foi , et prononcent avec le sentiment commun d'indulgence pour l'individu, et d'intérêt pour la société qui leur a déféré son pouvoir. Après tous ces moyens,déjà suffisants pour rassurer l'innocence, il reste encore le recours en appel sur la question de savoir si la publication, jugée faite avec intention coupable, contenait réellement la tendance au mal qui constitue le libelle dans le sens criminel.

La liberté de la presse existe avec tous ses avantages et dégagée d'inconvénients, lorsqu'une procédure équitable détermine l'*intention manifeste* , et *la tendance présumable.* La crainte d'une méprise sur la pureté d'*intention* qui le dirige , n'est pas une entrave embarrassante pour l'homme de bien, dans l'exercice de ses facultés : il remarque d'abord avec précaution les limites qui lui sont tracées ; puis fort de sa conscience, il se soumet à supporter les conséquences des erreurs qu'il pourra commettre en poursuivant généreusement sa carrière. L'examen de la *tendance* lui offre une double sécurité : son esprit comme son cœur doit être trouvé coupable avant qu'il lui soit infligé une peine ; il faut qu'il ait mal calculé les effets de sa composition , en considérant l'esprit public, l'action des partis , l'opportunité , et quelquefois aussi l'excessive

rigueur d'un pouvoir ombrageux, qui doit bientôt se briser contre la force de résistance légale ,
mais qui, avant ce terme, écrase sans pitié l'individu obscur dont le courage impuissant prétend en vain arrêter sa marche déréglée.

Aucun déclamateur n'a jamais été assez extravagant pour soutenir que la communication de la
pensée, quelle que fût l'impureté de sa source et
le danger de ses effets, ne devait être renfermée
dans aucune limite. Or, en allouant que la coercition est nécessaire lorsque *l'intention est méchante* et *la tendance dangereuse*, quels moyens
plus convenables l'imagination pourrait-elle concevoir pour constater ces deux points repréhensi-
bles ? La *tendance* est un composé de considérations trop vagues pour être déterminées par
des lois fixes ; elle comprend une combinaison
de circonstances variées à l'infini, et dont les
fluctuations perpétuelles ne peuvent être saisies
que par un jugement sain , éclairé par l'instruction pratique , et par l'examen des rapports qui
existent entre la contexture d'un écrit, et les esprits sur lesquels il doit agir. *L'intention* n'est
pas moins difficile à discerner, et elle ne se
trouve pas toujours dans l'acte de publication et
dans la forme d'expression, qui ne sont que les
faits ostensibles : sur ce point, les seules lumières doivent être produites par l'inspiration du

moment, par un sentiment intérieur qui est le cri de cette sainte équité que Dieu a placée au fond du cœur de l'honnête homme. Soumettre ces deux points à la conscience d'un jury, éclairé par l'opinion légale des juges et par des débats où la défense n'est pas moins libre que l'attaque, était certainement l'expédient le plus simple et le plus juste que l'intelligence pût concevoir pour préserver le droit en réprimant l'abus.

F I N.

(321)

TABLE DES CHAPITRES.

Pag.

(323)

Pag.

Fin de la Table des Chapitres.